Vivre et grandir dans l'adoption

DES MÊMES AUTEURS

Ouvrages de Cécile DELANNOY

Une mémoire pour apprendre, Hachette Éducation, Paris, 1994.

La Motivation : désir de savoir, décision d'apprendre, CNDP/Hachette Éducation, Paris, 1997.

Élèves à problèmes, écoles à solutions ?, ESF Éditeur, Paris, 2000.

Au risque de l'adoption, La Découverte, Paris, 2008 (1e éd. 2004).

« En France, la naissance de l'AGSAS » et « Du moi-narcissique au moi-maison », in Jacques LEVINE, Jeanne MOLL *et al.*, JE est un autre, ESF Éditeur, Paris, 2001.

Ouvrages de Catherine VALLÉE

Hannah Arendt, Socrate et la question du totalitarisme, Ellipses, Paris, 1999.

L'Anneau de Gygès, Éditions du Cheval vert, Chalon-sur-Saône, 2010.

« Hannah Arendt et le cas Eichmann », *in* Jean-Noël DUMONT (dir), *Histoire et Justice*, Éditions de l'Emmanuel/Le Collège supérieur, Lyon, 2002.

« Hannah Arendt et la pluralité », *in* Éric ZERNIK (dir.), *La Pensée politique*, Ellipses, Paris, 2003.

« Inacceptable vieillesse ? », *in* François COULOMB, Élisabeth GAVOILLE, Stéphane GENÊT *et al.*, *La Vieillesse*, Ellipses, Paris, 2010.

Cécile Delannoy et Catherine Vallée

Vivre et grandir dans l'adoption

Entre appartenances et quête d'identité

La Découverte
9 *bis*, rue Abel-Hovelacque
75013 Paris

Si vous désirez être tenu régulièrement informé de nos parutions, il vous suffit de vous abonner gratuitement à notre lettre d'information bimensuelle par courriel, à partir de notre site

www.editionsladecouverte.fr

où vous retrouverez l'ensemble de notre catalogue.

ISBN 978-2-7071-7329-4

Avant-propos

L'ouvrage *Au risque de l'adoption* [1], écrit en 2002, contribuait à rompre le silence sur les difficultés vécues au quotidien par un nombre significatif de familles adoptives. Dans les quelques mois qui ont précédé et suivi la parution de ce livre, d'autres auteurs [2] ont fait le même choix : dire, enfin, sans fard, ce qui pouvait être douloureux à vivre, tant pour les parents que pour les enfants, en faisant confiance au lecteur pour ne pas généraliser à l'excès et ne pas jeter le bébé avec l'eau du bain. Dire le vrai, c'est affirmer qu'il y a certes des adoptions heureuses, sans plus de problèmes que dans toute autre famille, mais que beaucoup aussi traversent des périodes délicates

---

1 Cécile DELANNOY, *Au risque de l'adoption*, La Découverte, Paris, 2008 (1re éd. 2004).

2 On peut citer, en particulier : Maurice BERGER, *L'Enfant et la souffrance de la séparation*, Dunod, Paris, 2003 ; Sophie MARINOPOULOS, Catherine SELLENET et Françoise VALLÉE, *Moïse, Œdipe et Superman*, Fayard, Paris, 2003 ; Jean-François CHICOINE, Patricia GERMAIN et Johanne LEMIEUX, *L'Enfant adopté dans le monde*, Éditions de l'Hôpital Sainte-Justine, Montréal (Québec), 2003.

sur le plan relationnel parents-enfants et sur le plan éducatif.

Depuis, les livres se sont multipliés [3] et des études se sont focalisées sur la théorie de l'attachement [4] et sur l'éclairage essentiel qu'elle projette pour mieux comprendre les tensions vécues dans de nombreuses familles.

Si le discours sur l'adoption a changé, s'il n'évoque plus systématiquement un conte de fées, il n'y a pas pour autant unanimité sur l'analyse qui en est faite. Le mode de filiation n'étant volontairement jamais pris en compte dans les enquêtes de l'Insee, il est difficile d'obtenir des statistiques fiables sur ce sujet. On peut penser que les familles en souffrance sont plus nombreuses qu'il n'y paraît parce qu'elles se cachent, n'osent pas dire leurs difficultés ; tout comme on peut estimer que, lorsque tout va bien, l'adoption n'est pas mise en avant, et que seules font du bruit les familles en souffrance. Il y a cependant de nombreuses raisons de juger que les enfants adoptés sont surreprésentés dans les services sollicités en cas de problèmes (internats scolaires, lieux de vie, cabinets de pédopsychiatre, centres de consultation, tribunaux pour enfants...). En France, des statistiques

---

3 Par exemple : Yves Denéchère, *Des enfants venus de loin*, Armand Colin, Paris, 2011 ; Pierre Lévy-Soussan, *Destins de l'adoption*, Fayard, Paris, 2010 ; Delphine Rouquès, *L'Adoption*, Albin Michel, Paris, 2008 ; Catherine Sellenet, *Souffrances dans l'adoption*, De Boeck Université, Bruxelles, 2009 ; Aubeline Vinay (dir.), *Psychologie de l'attachement et de la filiation dans l'adoption*, Dunod, Paris, 2011.

4 Les premiers travaux sont arrivés de l'étranger (traduits de l'anglais). Les associations Pétales (Parents d'enfants souffrant de troubles de l'attachement : ligue d'entraide et de soutien) ont beaucoup contribué à les faire connaître, en Belgique d'abord, puis en France et en Suisse, en s'appuyant sur les travaux et l'expérience des Québécois. Puis les médecins psychiatres Antoine et Nicole Guedeney y ont apporté la caution de leur autorité professionnelle. Livres et colloques se sont ensuivis depuis.

partielles montrent cette surreprésentation. Dans d'autres pays d'Europe occidentale dont les enquêtes prennent en compte le critère de la filiation, des études de plus grande ampleur le mettent également en évidence.

Depuis l'écriture de son livre, Cécile Delannoy a continué un travail de réflexion, de lecture, et surtout de rencontre de familles adoptives au sein d'une association [5] (plus d'une centaine de familles dans le seul département de Loire-Atlantique) et a recueilli de nombreux témoignages à la suite de conférences dans d'autres départements. De son côté, Catherine Vallée participe depuis 2005 aux groupes de parole de l'association Pétales-France.

Le présent ouvrage, pensé et écrit à quatre mains et deux claviers, tente de soulever de nouvelles questions, de formuler de nouvelles hypothèses, pour mieux comprendre et peut-être mieux aider les familles qui traversent des eaux difficiles.

Une simple pierre sur un long chemin...

Cécile Delannoy et Catherine Vallée,

NANTES ET LYON, SEPTEMBRE 2011.

5 AGSA44 : Aassociation des groupes de soutien à l'adoption, qui fédère en Loire-Atlantique plusieurs associations familiales et organismes autorisés pour l'adoption. L'ASGA a créé des groupes de parole pour permettre à des parents adoptifs qui en éprouvent le besoin de se rencontrer, d'échanger, de s'entraider. Sept groupes se sont réunis régulièrement en 2011.

Introduction

Disons-le d'entrée de jeu, en choisissant d'étudier les notions d'appartenance et d'identité, nous nous situons sur le terrain psychologique : comment se construit un homme ou une femme dans le sentiment qu'il a de son identité et de ce qu'il est intimement, en lien avec ses appartenances successives ? Le débat sur l'identité nationale dans sa dimension politique n'est pas notre affaire ou, plus exactement, il est clos, pour nous, avant même de pouvoir commencer. Il vise seulement à exclure, en s'adossant à la notion fallacieuse d'une identité unique, immuable, dépourvue de toute altérité. De même que, pour la loi, tous les hommes sont égaux – qu'ils mesurent 1,90 mètre ou 1,60 mètre, qu'ils gagnent 15 000 euros ou 1 000 euros par mois, ils partagent une égale dignité –, de même, nous considérons que tous les hommes et femmes de nationalité française sur leur carte d'identité le sont de la même manière, qu'ils le soient depuis deux ans ou depuis leur naissance, que leurs parents l'aient été avant eux ou non… Et ils sont tous métissés de longue date, métissages de

Gaulois de toutes tribus, de Romains, de Sarrasins, de Goths et de Wisigoths, de Vikings, d'Anglo-Saxons, de provinciaux divers, d'Italiens, de Polonais, de Maghrébins... Il n'y a d'humanité que métissée ! Toute autre opinion sur ce sujet renvoie, à nos yeux, aux pires moments de notre histoire et ne nous effleure pas. Pour nous, cela va sans dire, mais malheureusement, aujourd'hui, cela va mieux en le disant.

Appartenances, identité et adoption

Parents par adoption, nous constatons assez souvent que nos enfants, nos adolescents, nos jeunes, qui ont à prendre leur autonomie et à entrer dans l'âge adulte, vivent un malaise parfois jusqu'à la souffrance, qui se perçoit dans leurs attitudes à notre égard, à l'égard de leur entourage et/ou dans leur comportement. Nous constatons aussi qu'ils ne sont pas sans ressources, qu'il y a en eux la force des « survivants [1] » et souvent une grande richesse de sensibilité. Et nous voudrions essayer de comprendre ce qui peut expliquer leur mal-être, avec l'espoir de donner à comprendre à d'autres, d'aider leurs parents – eux-mêmes aussi, peut-être – à y faire face, à y porter remède et à mieux utiliser leurs ressources.

Nous laisserons de côté les cas où l'enfant a vécu, avant d'arriver dans sa famille adoptive, des placements successifs

---

1 « L'immense majorité des enfants abandonnés puis adoptés sont en réalité des survivants. [...] Dans le milieu de l'adoption, on s'entend pour dire que, sur environ dix enfants qui arrivent à l'orphelinat – on ne sait pas combien d'autres n'y sont même pas arrivés –, un seul sera finalement vivant ou assez en forme physiquement et sur le plan affectif pour être adoptable » (Jean-François CHICOINE, Patricia GERMAIN et Johanne LEMIEUX, *L'Enfant adopté dans le monde, op. cit.*, p. 464).

incoordonnés, des situations de grave carence de soins, alimentaire ou affective, des maltraitances, des abus sexuels, la violence et la guerre. Tout le monde conçoit que les traces laissées par ces traumatismes majeurs ne peuvent s'effacer magiquement dès l'arrivée de l'enfant et risquent de laisser de durables séquelles.

Mais il n'est pas rare que nos enfants manifestent une difficulté à vivre sereinement que le passé ne semble pas expliquer : arrivés très jeunes, ou choyés dans la petite enfance et « bien préparés » à l'adoption, n'ayant pas souffert de discontinuité de soins, ils ont connu chez nous une enfance apparemment heureuse. Et puis, soudain... Ces enfants-là seront au cœur de notre réflexion

Un triple défi. Nous posons par hypothèse que nos enfants adoptés, quel que soit par ailleurs leur passé, ont trois défis à relever :

– celui de faire confiance aux adultes, confiance en la vie, puisque la leur a commencé par un délaissement, par une sorte de trahison de la confiance que tout enfant a besoin d'accorder à ses premiers « donneurs de soins » pour ne pas se sentir vivre dans un monde hostile. C'est le problème désormais connu comme celui de l'« attachement ». S'ils ne souffrent pas tous de véritables troubles de l'attachement, s'attacher à de nouveaux parents en toute sécurité constitue toujours pour eux un obstacle à surmonter ;

– celui d'avoir une bonne estime de soi malgré l'abandon ; malgré le savoir, la pensée, l'imaginaire de l'abandon. De même qu'une rupture amoureuse brutale atteint notre confiance en nous-même et nous fait douter de pouvoir à nouveau être aimé, de même, savoir qu'on a été quitté par sa mère ou ses parents de naissance fait douter de la bienveillance de l'environnement mais aussi de soi. Les attitudes de provocation ou les manifestations dépressives sont alors un signe de peur de ne pas être « à la hauteur » ;

– celui, enfin, de quitter ses premières appartenances, d'assumer des appartenances multiples pour définir son identité. C'est un défi d'appartenir à une infime minorité dans une société qui survalorise le lien biologique de filiation.

C'est sur ce point que nous allons centrer notre réflexion.

Une spécificité contestée. Notre conviction est que les enfants adoptés vivent une situation spécifique qui les rend, dans un premier temps, plus fragiles que les autres et qui leur crée des difficultés dans la construction de leur identité. Nous avons conscience, en écrivant cela, de heurter la sensibilité de certaines familles adoptives. Il est vrai, sans doute, que, dans bien des familles, les différences visibles n'empêchent pas les ressemblances profondes et que l'appartenance se construit sans obstacles particuliers dans une histoire partagée. Mais en va-t-il de même lorsqu'il faut affronter le regard social ? Certains jeunes, profondément attachés à leurs parents et pourtant en souffrance, disent que l'adoption n'y est pour rien. Cela peut être vrai dans certains cas ; d'autres facteurs ont pu entrer en jeu. Sans doute ont-ils, de plus, largement raison : c'est moins l'adoption qui fait problème que l'abandon qui la précède. Il faut toutefois noter que leur expérience ne leur permet pas de se représenter le monde intérieur, la sécurité d'un enfant élevé dans la continuité par sa famille biologique. Ils n'ont donc pas les moyens de percevoir en quoi ils sont fragilisés.

Nous avons également conscience, en arguant d'une situation spécifique, d'entrer en conflit avec notre tradition de pensée. Le mot « pensée » est ici employé pour l'opposer aux idées reçues qui, elles, ne pensent rien. L'affaire est alors vite classée : on est vraiment parent quand on l'est par les liens du sang ; le vrai parent est ou reste le parent biologique ; la filiation adoptive n'est qu'une filiation de second ordre. La pensée prend le contre-pied de ces préjugés : un parent biologique, cela n'existe pas ; on ne naît pas parent, on le devient en accueillant et en élevant un enfant. Toute naissance suppose une reconnaissance ; un processus de « désappartenance » et de « réappartenance » est le propre de toute adolescence ; les liens familiaux supposent toujours qu'on s'adopte mutuellement. On peut le dire dans les mots de Paul Ricœur : « Toute naissance accueillie est une adoption [2] », ou dans ceux de Françoise Dolto, qui allait jusqu'à prétendre : « Nous sommes tous des enfants adoptés [3]. » Ce que nous avons appelé notre tradition de pensée va alors plus loin ; dans un renversement intéressant des idées reçues, elle fait du lien d'adoption le modèle de tout lien de filiation.

Il y a certainement quelque chose de très juste à ne pas fonder le lien parental ou filial sur le biologique. En tant que mères adoptives nous ne pouvons que trouver fort sympathique l'affirmation qui, par là, reconnaît la même valeur à tous les modes de filiation. Les liens du cœur l'emportent sur les liens du sang, nous en sommes bien convaincues.

---

2 Paul Ricœur, *Parcours de la reconnaissance*, Stock, Paris, 2004, p. 283.

3 Citée par Serge Hefez, *Quand la famille s'emmêle*, Hachette littératures, Paris, 2004, p. 182.

Toutefois, ériger nos familles en modèles pour comprendre toutes les autres nous semble problématique, voire erroné.

Dans le cas ordinaire, l'adoption entoure et même précède la naissance : « La filiation, écrit Irène Théry, informe en quelque sorte l'engendrement [4]. » Pendant toute la grossesse, le bébé est déjà désiré, rêvé, vécu comme l'enfant des futurs parents. Mais, dans le cas de l'adoption, on suit le plus souvent un tout autre ordre. L'enfant est d'abord abandonné. Sa naissance n'est pas accueil mais rejet ; il ne sera adopté que plus tard, beaucoup plus tard parfois. Et on ne peut effacer cet abandon. On ne peut prétendre que cela ne change rien puisqu'il est ensuite reconnu, accueilli, singularisé, en un mot, aimé. Cela ne change rien pour ses parents, sans doute, mais pour lui ? Il devra d'abord s'intégrer et chercher à ressembler. Sa première identité d'abandonné pourra le poursuivre toute sa vie ; se réconcilier avec sa naissance ne lui sera pas facile ; l'abandon laissera des traces ; c'est par cette case qu'il devra toujours repasser pour définir son identité. Il nous suffit, à l'âge adulte, d'avoir été quitté, laissé, « plaqué », pour mesurer combien la situation est douloureuse et difficile à dépasser. Il n'en va pas de même pour un bébé précocement adopté, nous dira-t-on. Ce n'est pas sûr. Nous avons rencontré beaucoup de jeunes adoptés, bien adoptés, très précocement, et qui vont mal. Est-ce la séparation d'avec leur mère qui a créé un traumatisme dont ils ne se sont pas remis ? Peut-être : aujourd'hui encore, les spécialistes restent divisés sur ce point. Est-ce l'imaginaire qui entoure l'abandon dans notre culture qui est à l'origine de sentiments de colère, de dévalorisation, de persécution,

---

4 Irène Théry, *Des humains comme les autres*, Éditions de l'EHESS, Paris, 2010, p. 177.

de culpabilité, de dette, de doute ? Est-ce le fait de différer physiquement de ses parents et de son entourage ? Pour toutes ces raisons, qui ne nous semblent pas anodines, nous soutenons qu'on ne peut assimiler toute filiation à une adoption et que les enfants en situation d'adoption ne sont pas tout à fait des enfants comme les autres.

« Des enfants en "situation" d'adoption », disons-nous, pour exprimer une seconde conviction. Cet état initial ne signe pas de manière définitive et univoque leur identité. Il est autant de manières de réagir à cette situation qu'il est de « sujets » adoptés. Ou, pour le dire autrement, tout n'est pas joué dès l'enfance, il reste une place pour la liberté… Et pour la responsabilité qui en découle. Il n'est aucun déterminisme qui tienne et il n'y a aucun sens à dire : « Tous les enfants adoptés sont comme ceci ou comme cela [5]. » Chacun tisse sa vie à sa manière en jouant sa propre partie, et une identité se « tricote » à partir d'éléments multiples. L'adoption est un de ces éléments – ce n'est évidemment pas le seul –, de telle sorte que, face à une personnalité singulière, il est impossible de dire ce qui tient à elle et ce qui vient d'ailleurs. Réduire quelqu'un à son statut d'adopté serait aussi stupide que nier l'importance de cette réalité dans le sentiment qu'il a de son identité.

De plus, différencier les enfants adoptés des autres n'est en rien, à notre sens, les stigmatiser, c'est-à-dire affirmer une infériorité. Cela peut même signifier le contraire, lorsque nos enfants réussissent à convertir leur souffrance en chemin, à en faire une occasion de grandir humainement.

---

5 Merci au lecteur de garder cette idée en mémoire : il pourra nous arriver par la suite de généraliser car il serait difficile et lourd de rappeler constamment les limites de notre propos.

« Aucun malheur n'est merveilleux, mais il oblige à un choix : s'y soumettre ou le surmonter [6]. » Au fil du temps, les jeunes peuvent surmonter le malheur qui a entouré leur naissance, le mal de vivre qui en résulte, élaborer une identité riche et adaptée. L'écrivain Charles Juliet, abandonné à deux mois et dont toute l'œuvre traduit les difficultés à dépasser cette entrée dans la vie, le dit avec force : « Il y a ceux que la souffrance aigrit ou détruit. Il y a ceux qu'elle accroît. Quand on découvre qu'on fait partie de ces derniers, on comprend qu'on a reçu en partage un formidable privilège [7]. » Cela résume à la perfection le message que nous souhaiterions délivrer.

Avant d'entrer dans ce livre. Le premier chapitre est une réflexion générale sur l'appartenance et l'identité. Explicitement, il n'y est presque jamais question de l'adoption. C'est de nous tous, adoptés ou non, qu'il s'agit : nous avons d'abord appartenu à une famille, un milieu social, une nation que nous n'avons pas choisis ; nous souhaitons être intégrés à des groupes et souffrons de nous sentir exclus ; nous prétendons tous à l'identité personnelle… Ce n'est qu'à méditer ces universels de la condition humaine que nous pourrons nous approcher ensuite du vécu intérieur et plus spécifique des enfants adoptés, qui sont d'abord nos semblables.

Le deuxième chapitre tente d'expliquer l'ambivalence, le mal-être, la souffrance possible de ces enfants par l'adoption. Nous avons cherché à leur donner la parole ou à nous

---

6 Boris Cyrulnik, *Un merveilleux malheur*, Odile Jacob, Paris, 1999, p. 21.

7 Charles Juliet, *Traversée de nuit (Journal II, 1965-1968)*, P.O.L., Paris, 1997, p. 53.

mettre à leur place pour comprendre ce qui peut, à certains moments, les gêner, leur être douloureux ou insupportable. Ils ne sont pas seulement nos semblables, ils vivent une situation spécifique.

Nous sommes ainsi faits qu'il nous est difficile de constater chez un autre une souffrance sans chercher à lui porter remède, surtout quand il s'agit d'un enfant, de notre enfant. Il se peut que notre pouvoir soit sur ce point limité. Si notre hypothèse de départ est juste, son mal-être excède nos maladresses et nos insuffisances. Mais nous ne sommes pas non plus, en tant que parents, totalement étrangers à certaines difficultés ou à certaines réussites, et moins encore, évidemment, exonérés de toute responsabilité.

Nous avons donc cherché à cerner les écueils qui guettent les parents par adoption, mais aussi à indiquer certaines attitudes relationnelles, côté parents (troisième chapitre), et certaines ressources, côté enfants (quatrième chapitre), qui peuvent favoriser des adoptions heureuses.

Nous tenons à préciser qu'il s'agit pour nous d'étudier des hypothèses de compréhension, non d'asséner des certitudes, encore moins de prétendre tout expliquer par une théorie unique. Nous ne sommes pas des cliniciennes ou des professionnelles de l'adoption. Notre réflexion s'étaye sur notre propre expérience de mères, et surtout sur la rencontre et l'écoute, au sein d'associations, de nombreuses familles adoptives, parents et enfants ; elle tente de s'éclairer par la fréquentation d'œuvres cinématographiques et littéraires, psychologiques et philosophiques. Nous ne prétendons aucunement au savoir, moins encore à la science. Nous verrions plutôt dans les pages qui suivent un « exercice de pensée ». À nos frais et à nos risques, il a ses insuffisances, appelle des prolongements ou des remises en question. Si nos lecteurs valident certaines de nos hypothèses ou en discutent d'autres, nous aurons le sentiment d'avoir réussi au-delà de nos espérances.

1

Appartenances et identité

> « Les deux piliers du bien-être subjectif sont le sentiment d'être intégré et celui d'avoir la maîtrise du cours de son existence. »
>
> Rafaële Rivais, « L'argent ne fait pas le bonheur », *Le Monde*, 30 novembre 2009.

> « Tous les humains doivent gérer deux besoins contradictoires et pourtant associés : celui d'appartenir pour se sentir étayé, et celui de s'autonomiser pour être fier de sa liberté conquise. »
>
> Boris Cyrulnik, *Un merveilleux malheur*, *op. cit.*, p. 95.

Appartenance : « Fait, pour un individu, d'appartenir à une collectivité [1]. » Au gré des dictionnaires apparaissent les exemples suivants : on appartient à une famille, à une classe sociale, à un pays ; à un bataillon, au personnel d'une maison, au corps des fonctionnaires ; à une société de pêche, à un syndicat, à un parti. L'appartenance a partie liée avec le fait que nous sommes des êtres sociaux, incapables de devenir, d'être, de rester des êtres humains en l'absence de nos semblables. Le terme désigne donc le lien social sous toutes ses formes et dans tous ses états ; un lien qui n'est pas toujours durable, pas toujours essentiel, même s'il peut l'être ; mais qui implique toujours une ressemblance, des traits en commun et le respect de certaines

---

1 *Le Petit Robert*, Le Robert, Paris, 1984.

obligations et de certains codes, comme l'indique la forme impersonnelle, « il appartient à quelqu'un de », qui signifie « il est convenable de », « c'est le devoir de ».

Ainsi, par exemple, quand on fait ses courses dans le quartier auquel on appartient, on respecte les codes de la politesse : on échange souvent quelques phrases banales mais courtoises avec les commerçants ou avec ses voisins. Quand on prend son repas, on est heureux de partager sa table avec d'autres. Et on se plie alors à des manières de table qui varient d'une communauté à une autre. Ou bien encore : appartenir à un milieu de travail et y développer des relations nous est aussi essentiel que d'y gagner notre vie. Aussi indispensables qu'ils soient à la survie, les « revenus minimum » ne remplacent jamais un emploi dans lequel on est utile à d'autres et qui nous insère dans un réseau de relations. Christophe Dejours précise : « Ce ne sont pas des relations d'amour, ce sont des relations d'appartenance, des relations de collectif, des relations de coopération, mais qui contribuent à tenir l'identité et donc à éviter à bien des gens de devenir fous. » Il ajoute : « L'appartenance, c'est finalement la conjuration de la solitude [2]. » Sans la présence et la confirmation d'autrui, c'est notre propre moi qui s'étiole, s'effondre et se désagrège.

D'une première appartenance à d'autres

« L'homme ne peut devenir un homme que par l'éducation [3]. » Un enfant ne peut vivre qu'au contact

---

2 Christophe Dejours, *L'Évaluation au travail à l'épreuve du réel*, conférence-débat organisée par le groupe Sciences en questions, INRA, Paris, 2003, p. 62.

3 Emmanuel Kant, *Propos de pédagogie*, Gallimard, coll. « Bibliothèque de la Pléiade », Paris, 1986, p. 1151.

d'autres êtres humains, dont il reçoit à la fois les soins indispensables à sa survie mais aussi ce qu'il en est de notre humanité (langue, codes sociaux, goûts, gestes techniques, comportements, valeurs, etc.).

On peut donc décrire les étapes de la croissance de l'enfant en évoquant la succession et la multiplication progressive de ses sphères d'appartenance. Avec le psychanalyste Jacques Lévine, nous pensons pertinent de décliner les étapes de la croissance non seulement comme la succession de stades (oral, anal, génital...), mais comme passage progressif de la bulle à deux (mère-enfant) à la cellule familiale, puis à la sphère crèche-quartier-école, à la famille élargie, à la conscience d'être un petit Parisien ou Vendéen puis Français (communauté de langue, de traditions, de paysages, etc.), d'être un Européen blanc dans un pays de culture judéo-chrétienne (par exemple), et enfin, un être humain conscient de partager l'humanité de tous les autres êtres humains de toutes cultures.

Chronologiquement et ontologiquement, la famille est de fait la première de nos appartenances. On n'y partage pas seulement des habitudes, des modes de vie, des valeurs, des sentiments ; on y est soi-même partagé. Pour désigner le conjoint, on disait naguère ma « moitié ». « Je n'*ai* pas mon enfant ; je *suis* en quelque manière mon enfant [4] », remarque Levinas. Aristote l'avait souligné avant lui dans son analyse de la *philia* : celui que j'aime est un « autre moi-même » ; il s'agit donc d'une relation qui n'est évidemment pas une relation à soi mais pas non plus à un autre en tant qu'autre. À l'autre en tant que « semblable » au sens étymologique : il est celui à qui

4 Emmanuel Levinas, *Le Temps et l'autre*, PUF, coll. « Quadrige », Paris, 1983, p. 86.

je ressemble, et l'on sait bien que les parents, à peine un enfant leur est-il né, se penchent sur lui pour chercher leur ressemblance. La sagesse populaire dit également que « qui se ressemble s'assemble », et l'appartenance constitue alors une source de sécurité, de confiance en soi, d'assise narcissique essentielle qui permet d'aller vers la différence.

Chaque sentiment d'appartenance, lorsqu'il est un sentiment heureux, comporte ainsi deux aspects : le confort éprouvé à partager des ressemblances, des souvenirs communs, des habitudes identiques avec ceux du même cercle, et la perception vague d'un extérieur porteur d'une inquiétante étrangeté, qui peut devenir ou non une attirante étrangeté, avant de devenir une nouvelle familiarité, un nouveau cercle élargi...

En fait, l'élargissement de ces appartenances ne va pas de soi, et tous ne le vivent pas de la même manière. Certains restent agrippés à une sphère donnée et semblent incapables d'élargir leur horizon. Il est des humains dont la solidarité est très étroitement familiale, d'autres qui se sentent plus que tout liés à un terroir. Il existe des appartenances fortes d'obédience religieuse mais aussi parfois culturelle (les motards, les amoureux de la montagne ou de la randonnée, les passionnés de bridge ou de musique baroque) qui peuvent évoluer vers des enfermements, ou au contraire constituer une base de sécurité permettant, voire facilitant, d'autres ouvertures. S'agit-il toujours d'élargissement progressif, ou s'agit-il parfois d'un saut qualitatif vers l'universel humain, avec refus d'un enfermement dans des appartenances limitées, perçues comme aliénantes ?

Mais est-il vraiment possible de nier, de renier, nos appartenances intermédiaires ? Il semble que les plus hautes formes de solidarité humaine, d'ouverture à une appartenance très large, soient le fait d'humains profondément ancrés dans une communauté d'appartenance restreinte – souvent la famille qui a entouré leur enfance, mais pas toujours – qui est leur lieu de ressourcement intérieur, leur base de sécurité. De même qu'un jeune enfant est d'autant plus autonome qu'il est mieux attaché (à sa mère puis à plusieurs membres de la cellule familiale), de même l'ouverture vers une appartenance généreuse à toute l'humanité supposerait l'ancrage dans au moins un groupe d'appartenance restreint et fortement intériorisé.

Appartenance ou sentiment d'appartenance ?

Selon le dictionnaire, l'appartenance est un « fait » : un réel, un donné qu'on subit. On appartient à un sexe, à une famille, à un milieu social, à un pays : on ne les a pas choisis. Ils définissent notre situation et la vie nous est toujours donnée dans certaines conditions. Nos appartenances ont aussi une dimension symbolique qui n'est pas choisie. Être français, par exemple et en général, c'est être habitué à une certaine cuisine, être à l'aise dans un certain climat, obéir à certaines lois, parler une langue que l'on a reçue, qui s'est inscrite en nous et qui crée le cadre de notre pensée. Mais nos appartenances travaillent aussi notre imaginaire. Pour certains, être français, c'est alors se sentir appartenir à une nation, reconnaître pour sienne une histoire qui hante peu ou prou notre imagination (Charlemagne, Jeanne d'Arc, le siècle de Louis XIV, la Révolution et les droits de l'homme, les poilus de 1914, le Front populaire, etc.). Alors que le fait d'appartenir évoque un réel et un symbolique subis, le *sentiment* d'appartenance suppose un travail de la pensée et une part de choix libre dans un héritage qu'on assume.

Aux premiers âges de la vie, le fait se lie assez naturellement au sentiment : un enfant se sent spontanément appartenir à sa famille puis à son quartier, à son village, à sa région. C'est ce qui explique que le sentiment d'appartenance semble quelque chose d'instinctif, très ancré dans des zones obscures de notre moi et dans nos premières expériences de vie. Toutefois, tout change quand nous devons passer de nos premières appartenances à d'autres : le fait et le sentiment peuvent alors ne plus coïncider.

Sentiment de non-appartenance et solitude

On peut appartenir à une collectivité quelconque et s'y sentir plus ou moins étranger. Beaucoup d'entre nous font cette expérience de passer de nombreuses années dans une ville et de continuer à se sentir d'« ailleurs » ; ou d'appartenir à une école, un groupe professionnel et de peiner à en adopter le langage, les codes et les rites. Le sentiment de ne pas appartenir peut alors prendre deux formes opposées. Il peut y avoir un refus volontaire, assumé, bien vécu : on est par héritage ou par obligation dans une sphère mais on n'a aucune envie de s'y affilier, et ce n'est pas douloureux ; on sait très bien pourquoi et on appartient à un ailleurs. Mais la non-appartenance est plus souvent quelque chose qu'on subit : dans le groupe, les autres n'ont aucun besoin de nous, ils sont indifférents à ce que nous sommes, voire sont perçus comme hostiles. Ou bien, peut-être, sommes-nous incapables de nous intégrer ?

Peu importe... Le « non » de « non-appartenance » n'est pas alors une simple négation, c'est une privation, le manque de quelque chose que nous désirions ou dont nous aurions besoin. On pourrait parler alors de « mésappartenance » : une appartenance de fait à une sphère dans laquelle nous échouons à nous sentir bien. Cette mésappartenance s'accompagne toujours d'un sentiment de solitude.

Là encore, il nous faut distinguer deux formes de la solitude. La langue anglaise a d'ailleurs deux mots : elle oppose *solitude* et *loneliness*. Le premier terme désigne le fait d'être physiquement seul sans se sentir seul : nous poursuivons intérieurement le dialogue commencé avec d'autres, nous œuvrons, nous imaginons, nous travaillons, nous réfléchissons ; en un mot, nous nous tenons compagnie. Le second terme renvoie au sentiment d'être abandonné, de ne plus avoir personne avec qui se lier. On éprouve ce sentiment surtout dans une foule ou dans un groupe dans lequel on échoue à s'intégrer. Hannah Arendt décrit la « désolation » (traduction retenue habituellement pour son *loneliness*) comme un sentiment d'inutilité, de « superfluité », d'« absolue non-appartenance au monde » qui a pour « conséquence que notre propre moi nous abandonne [5] ». La désolation exclut alors la solitude au premier sens du terme : quand nous nous sentons abandonnés de tous, nous échouons aussi à « être avec nous-même » et à nous tenir compagnie.

La désolation est une expérience qu'on subit dans l'extrême vieillesse : on appartient certes à une famille, à une ville, à une nation, mais on n'arrive plus à participer, à prendre part, à tenir sa partie. Le conjoint est mort, les amis

---

5 Hannah Arendt, *Le Système totalitaire*, Le Seuil, coll. « Points », Paris, 1972, p. 226.

aussi, les enfants ont leur vie : plus personne n'a besoin de nous, plus personne ne souhaite vraiment que nous continuions à vivre. Ce sentiment d'abandon est aussi connu par les tout-petits quand leurs parents ne répondent pas à leurs appels, quand on les laisse trop longuement à la crèche ou à la garderie. Les très jeunes enfants n'ont pas encore acquis ce que le psychiatre et psychanalyste Donald Winnicott appelle la « capacité d'être seul », de se tenir compagnie en imaginant, en jouant ou en travaillant. C'est encore le sentiment que peuvent éprouver des enfants plus grands, des adolescents, quand leur première sphère d'appartenance se dissout parce que leurs parents se séparent. C'est enfin ce qu'éprouvent certains enfants déracinés, ballottés d'une famille à une autre, qui doutent de leurs appartenances, ne se sentent bien nulle part et échouent de ce fait à jouer, à concentrer leur attention, à apprendre, à réfléchir, à travailler.

Le sentiment d'être abandonné s'accompagne toujours d'une dévalorisation personnelle, d'une perte de l'estime de soi, d'une honte ; alors qu'à l'inverse, le sentiment d'appartenir est source de valeur personnelle et de fierté.

Appartenance et estime de soi

Une sphère d'appartenance n'est pas seulement un milieu nourrissant et sécurisant, utile pour la croissance de l'enfant, elle est à la source de la valeur que chacun se reconnaît à lui-même, elle en est au minimum une composante essentielle. Chacun de nous éprouve le besoin d'être fier de sa ou ses sphères d'appartenance, qui définissent en partie notre propre valeur à nos yeux. Ce point nous semble essentiel pour la suite : voici quelques exemples ou anecdotes pour en sentir toute la force.

Un exemple trivial tout d'abord, celui des supporteurs d'un club de foot (ou autre), ou encore des compatriotes des champions olympiques. Appartenir au clan qui a gagné, c'est avoir gagné soi-même. Et ça se chante : « On a ga-gné ! On a ga-gné ! » Chacun de nous s'est surpris, même ceux qui s'en défendent, à se découvrir fier d'une victoire ou d'un exploit qui ne lui appartenait pas mais qui était le fait de « quelqu'un du clan ». De même, chacun peut se sentir humilié par l'échec, la défaite, la déroute, d'un proche, d'un membre du même club, d'un compagnon de combat politique ou d'un concitoyen. Ce qui n'a, en soi, rien de rationnel. Qu'ai-je soudain de plus, simplement parce que mon frère est cité en exemple, ou parce que le club de ma ville a gagné la finale ? En quoi suis-je, moi, plus valeureux ?

A contrario, compter parmi ses ancêtres, à plus forte raison parmi ses parents ou grands-parents, un meurtrier, un violeur, un collabo ou un nazi, c'est se sentir atteint, meurtri, amoindri dans son estime de soi.

Citons ensuite une anecdote rapportée dans la presse. Un écrivain connu vient d'exhumer, pour en faire la trame d'un roman, un fait divers vieux de plus d'un siècle. Un jeune noble venu au village sur la place du marché entre en conflit avec un paysan. Le ton monte, la violence se déchaîne, les autres paysans apportent leur soutien à leur camarade... Et cela se termine par l'éventration du jeune noble dont la chair est partiellement grillée et même, semble-t-il, dévorée par ses adversaires devenus ses tortionnaires. Le fait est réel mais fort ancien. Et pourtant, le maire du village exprime à la presse son irritation de voir resurgir cette affaire qui porte préjudice, explique-t-il, à tous les habitants du village ! C'est de ce prix que se paie l'appartenance à la communauté villageoise : on sera fier d'habiter Le Chambon-sur-Lignon, village de « Justes » ayant sauvé de nombreux enfants juifs pendant la dernière guerre, ou humilié d'appartenir à la même communauté (cent cinquante ans après) qu'un groupe de meurtriers probablement avinés au moment des faits. Sans plus de raison rationnelle dans un cas que dans l'autre. Nos appartenances ne sont pas raisonnées, elles nous tiennent de manière viscérale.

De même, venir de tel ou tel quartier, être enfant de chômeur ou de star, fils d'immigré ou héritier d'une famille connue confère une image de soi et un statut social bien différents, antérieurs à tout mérite ou démérite personnel... Au point qu'un sociologue, lui-même issu de l'immigration, a pu développer la thèse suivante : dans presque toutes les grandes réussites d'intégration et d'ascension sociale vécues par des immigrés en France, on constate que la famille a cultivé la mémoire d'un aïeul valeureux ou glorieux dont chacun pouvait s'enorgueillir, dont chacun aspirait à rester digne. Figure emblématique, à laquelle le clan pouvait se raccrocher pour rester fier de sa sphère d'appartenance, alors même que les circonstances de la vie avaient mis le groupe dans une position peu valorisée.

Enfin, nous remarquons avec surprise ceci : plus la sphère d'appartenance nous est imposée (et donc, moins on la choisit), plus elle pèse sur notre « image du moi », plus elle est déterminante dans l'idée que nous nous faisons de notre valeur. S'inscrire dans un club de son choix (anciens élèves de l'école, anciens du bataillon, etc.) ou à une association (joueurs de boules ou ONG humanitaire) ne nous empêche pas nécessairement de porter un regard critique, voire d'acquiescer à des jugements négatifs sur le groupe que nous pourrions quitter, mais que nous retrouvons aussi avec plaisir, pour le charme des souvenirs ou de l'activité en commun. La famille, en revanche, le pays, la religion pour certains, que nous n'avons pas choisis mais qui nous « collent à la peau » depuis l'enfance, nous supportons mal qu'on les attaque devant nous... Ou bien nous les renions avec fracas. Nous nous sentons atteints dans notre propre valeur par l'image qui nous en est alors renvoyée.

Nous pouvons distinguer plusieurs formes de la fierté :

– la fierté d'appartenance est un sentiment naturel et spontané. Il suffit d'appartenir à un groupe pour en être fier. Quand nous sommes enfants, pour être fiers de notre famille, nous n'avons pas besoin du regard d'autrui, il nous suffit d'y être aimés, protégés, choyés : « Papa est le plus fort, Maman est la plus gentille. » Point n'est besoin (et heureusement !) qu'autrui acquiesce à ces fiertés juvéniles, il suffit que personne n'y contredise explicitement. Le sentiment d'appartenance est la première manière d'acquérir une estime de soi. Une manière certes un peu facile : je suis fier d'habiter Le Chambon-sur-Lignon, fier de mon père résistant : je n'ai pourtant rien fait pour résister moi-même. C'est seulement beaucoup plus agréable que d'être honteux. Pourquoi se priverait-on de ce sentiment ? On aurait tort de le faire : si cette fierté se distingue d'une estime de soi fondée sur des motifs plus légitimes, elle contribue à la construire et nous permet de passer aux degrés supérieurs ;

– la fierté-acceptation est un dépassement de la honte ; on accepte une appartenance socialement minoritaire, dénigrée, stigmatisée. On est adopté, homosexuel, immigré, handicapé : c'est ainsi, on n'y est pour rien, on ne (se) le cache pas, on assume. C'est en ce sens, par exemple, qu'on peut parler d'une « fierté homosexuelle » : je suis homosexuel, je sais que je n'ai pas à en avoir honte, je l'assume publiquement. Et, comme cette acceptation demande un certain courage, elle se lie à la forme la plus haute, la plus légitime de la fierté ;

– la fierté-estime de soi va à ce qui dépend de moi, mes œuvres, la valeur que je me reconnais, ma capacité à bien agir, ma puissance d'humanité ; ce que les Grecs appelaient « vertus » : des dispositions acquises et durables. Quand je fais preuve d'humour, de courage, de générosité, etc., je peux légitimement être fier de moi sans qu'il y ait orgueil ou vanité.

Appartenances et honte

Nous avons parlé de honte, d'humiliation et non de culpabilité. Nous ne sommes pas coupables des fautes de nos ancêtres : nous pouvons pourtant en porter la honte, car la honte est première, antérieure à toute conscience morale ; il importe pour la suite de notre propos de la distinguer de la culpabilité pour mesurer ce qu'elle a de plus destructeur.

La culpabilité porte sur un acte au sens large du terme. Les paroles sont des actes, puisque parler, c'est agir sur autrui : par exemple, le blesser. Mais ne rien faire peut aussi revenir à agir, comme en cas de non-assistance à personne en danger. Un acte suppose un sujet conscient de ce qu'il fait et qui dispose d'une certaine liberté : il a agi ainsi, il aurait pu faire autrement. Certes, la honte peut porter aussi sur nos actions quand elles sont révélées publiquement, mais elle porte surtout sur notre être : ce que nous ne choisissons pas, qui ne dépend pas de nous, que nous ne pouvons pas modifier à notre gré par notre volonté ; elle est donc présente dans des situations d'où toute culpabilité est exclue. Honte de la forme d'un nez, de la couleur d'une peau, d'une appartenance sociale ou raciale, de sa pauvreté, d'un handicap, d'une maladie physique ou mentale, d'être devenu vieux et dépendant. On est, en somme, coupable de ce qu'on fait et honteux de ce qu'on est.

La honte est donc un sentiment très pénible d'impuissance. C'est pourquoi, bien souvent, surtout dans la jeunesse, nous redoutons plus d'avoir l'air ridicule que de commettre des fautes qui resteront secrètes. Cette impuissance est aussi l'origine de la tendance que nous avons à nous défendre de la honte en nous inventant des culpabilités. N'ayant pas répondu à un message, on préférera paraître négligent ou indifférent plutôt que d'avouer qu'on devient sourd ! C'est aussi ce qui explique que l'enfant abandonné se sente coupable de l'avoir été. « Mieux vaut être merdeux que d'avoir une origine merdique. » L'« origine merdique », on n'y peut rien ; « merder » un peu moins à l'avenir, cela dépend de soi. À tout prendre, la culpabilité est moins douloureuse que la honte.

On ne peut jamais se sentir ou être coupable pour autrui. Un tribunal ne juge jamais un groupe, il ne connaît que des individus dont il cherche à mesurer le degré de responsabilité. La « culpabilité collective » est, en fait, honte collective. Dans la honte, en effet, on est comme contaminé par trop de proximité. On a honte pour d'autres, à la place des autres, dans une confusion des personnes que favorise le sentiment d'appartenance. Quand les autres sont une part de nous, nous distinguons mal, par définition, entre ce qui relève de nous et d'eux. Il y a donc une honte d'appartenance : on a honte de sa famille (qui, à l'adolescence, ne s'y est surpris ?) ; honte de ses ancêtres collabos, envahisseurs ou tortionnaires ; honte de son village qui a compté jadis des brutes sanguinaires... On a, en somme, honte pour les autres auxquels on est affectivement lié ou honte d'appartenir à une collectivité dévalorisée ou méprisable.

À la différence de la honte, le sentiment de culpabilité n'a rien de primaire : on ne l'éprouve pas dans la petite enfance. Il suppose en effet un sujet capable d'endosser des responsabilités et d'abord de peser ses actes dans un dialogue intériorisé entre celui qui a commis la faute et celui qui la juge. Pour le psychanalyste, notre moi est ainsi coupable devant notre surmoi ; pour le philosophe, il l'est devant ce témoin intérieur qu'est notre conscience morale. Peu nous importe ici : dans les deux cas, cela suppose deux instances à l'intérieur de nous, qui sont certes en opposition, en conflit, mais sans rupture totale du dialogue intérieur. C'est seulement quand on projette la faute sur autrui ou quand on fuit l'examen intérieur, dans l'oubli, le plaisir, la foule, que ce dialogue s'interrompt vraiment. Dans le remords, il est douloureux, il n'a plus rien d'amical (on se déteste pour ce que l'on a fait) ; mais il demeure malgré tout. On continue à penser, il n'y a pas de rupture de la continuité du soi. Et on garde, de ce fait, une part d'estime de soi : qui se méprise pour ce qu'il a fait continue à respecter en lui celui qui méprise le mal qu'il a commis. Tout autre est la honte, car elle n'est pas à proprement parler un sentiment (quelque chose qu'on peut assumer et penser) mais une émotion, c'est-à-dire une désorganisation, voire une désintégration brutale de la personnalité, qui crée une rupture dans la continuité du sujet. La honte est une expérience de sidération dans laquelle on ne maîtrise plus rien. Dit autrement, qui éprouve la honte perd, au moins pour un temps, la capacité de penser ; le dialogue qu'il entretenait avec lui-même est brisé. Alors que la culpabilité peut se reconnaître, se dire et se dépasser, la honte est muette ; elle se cache à autrui aussi bien qu'à soi-même. Elle se prête alors à tous les déplacements, se travestit en colère, en rage ou en haine. La honte n'est pas seulement perte totale de l'estime de soi ; elle est perte du soi.

Enfin, on n'a jamais honte tout seul mais toujours sous le regard d'autrui, et souvent d'un groupe déjà constitué, dans une peur de son jugement. La honte porte toujours avec elle la menace d'une exclusion de la communauté. Par exemple, nous nous sentons gênés (forme atténuée de la honte) dans un milieu social qui n'est pas le nôtre : nous ressentons nos manières de table, notre façon d'être habillés, nos codes de langage comme déplacés. Si les autres ne savent pas nous mettre à l'aise, nous nous sentons exclus du groupe ou nous nous en excluons nous-mêmes. Ce qui est atteint n'est donc pas seulement l'image de soi mais le sentiment d'appartenance. Dans ses formes majeures, ce sentiment d'exclusion confine à une exclusion de l'humanité. Dans l'extrême vieillesse, par exemple, on se sent comme retranché de toute communauté humaine. Pour reprendre un exemple de Serge Tisseron, quand les camps ont été libérés, les survivants n'ont pas seulement éprouvé la culpabilité d'avoir survécu, mais aussi la honte d'une déshumanisation qui les excluait du genre humain. Ils ont vu la honte dans le regard plein d'effroi et dans « l'obscure réserve qui scellait la bouche [6] » de leurs libérateurs, et elle a rejailli sur eux. C'est un point crucial, que nous résumerons avec les

---

6 Primo Levi, *La Trêve*, Grasset, Paris, 1989.

mots de Serge Tisseron : « La culpabilité affecte comme la honte l'estime de soi et l'assurance de bénéficier de l'affection de ses proches ; mais elle ne touche nullement au sentiment d'appartenance : quiconque est reconnu coupable d'un acte répréhensible est même assuré d'être réintégré dans la communauté une fois sa peine purgée. [...] Quand le sentiment d'appartenance est entamé, c'est non seulement le sentiment d'être aimé qui est atteint mais celui de pouvoir intéresser quiconque [7]. »

Appartenances et différences

Au sein d'une communauté d'appartenance règne toujours un certain conformisme : sont seuls admis à participer au groupe ceux qui se conforment aux traits généraux qui le définissent, qui en acceptent les règles, qui ne présentent pas de pensées trop dissidentes. Faire partie d'un groupe est alors profondément rassurant : nous y rencontrons nos semblables. Nous ne sommes toutefois jamais identiques ; c'est ce qui nous permet de dialoguer les uns avec les autres et d'agir ensemble. Les parents sont heureux que leurs enfants leur ressemblent et fiers, en même temps, de leurs personnalités bien différenciées. Une communauté humaine se distingue toujours d'un agrégat d'individus identiques. Trop de similitudes effraie : la gémellité, par exemple, est perçue comme insupportable dans certaines sociétés, qui condamnent à mort les bébés jumeaux ; les clones font peur, l'écrivain Aldous Huxley en fait, dans son

---

7 Serge TISSERON *La Honte*, Dunod, Paris, 2007, préface à l'édition 2007, p. XIV.

ouvrage *Le Meilleur des mondes* [8], une caractéristique repoussante de l'avenir qu'il imagine. Étudier la notion d'appartenance, c'est donc rencontrer aussi celle de différence, et il serait intéressant de comprendre dans quels domaines il nous importe le plus d'être semblables, et quels types de différences sont, non seulement supportables, mais souhaitables. Les différences nous enrichissent, permettent à chacun de construire son identité, nous attirent et nous séduisent (l'amour et l'amitié, par exemple, reposent toujours sur une alchimie subtile de ressemblances et de dissemblances) ; mais aussi, quand elles deviennent trop radicales, elles provoquent la peur, la haine et le rejet.

Constituée d'une multitude de communautés, une société ne connaît jamais une seule conformité mais plusieurs : des manières de voir et d'habiter le monde qui peuvent s'accorder et s'enrichir les unes les autres, mais qui, plus souvent, se rejettent en termes d'identités culturelles. Comme le remarque Claude Lévi-Strauss : « L'attitude la plus ancienne, et qui repose sans doute sur des fondements psychologiques solides puisqu'elle tend à réapparaître chez chacun de nous quand nous sommes placés dans une situation inattendue, consiste à répudier purement et simplement les formes culturelles : morales, religieuses, sociales, esthétiques, qui sont les plus éloignées de celles auxquelles nous nous identifions. "Habitudes de sauvages", "cela n'est pas de chez nous", "on ne devrait pas permettre cela", etc., autant de réactions grossières qui traduisent ce même frisson, cette même répulsion, en présence de manières de vivre, de croire, ou de penser qui nous sont

---

8 Aldous Huxley, *Le Meilleur des mondes*, Pocket, Paris, (1977) 2002.

étrangères [9]. » Ainsi, les Grecs appelaient « barbares » tous ceux qui ne parlaient pas leur langue, ce qui revenait presque à les rejeter hors de l'humanité. À l'ère des voyages internationaux, des brassages ethniques, des mariages mixtes, des métissages de toutes sortes, nous avons certainement appris à mieux reconnaître la diversité des cultures pour ce qu'elle est : un phénomène naturel qui n'a rien de scandaleux, qui n'implique pas de hiérarchisation. Comment nier pourtant qu'il reste en chacun de nous une tendance à rejeter celui qui est trop différent ? Aujourd'hui encore, pour certains, l'humanité valable s'arrête aux frontières de leur race, de leur religion, ou de leur mode de vie.

Appartenances et différences stigmatisantes

Au sein d'un groupe d'appartenance, des différences trop radicales risquent de constituer, de façon analogue, d'« inquiétantes étrangetés ». Ceux qui présentent ces différences, dans le groupe, les vivent alors comme dévalorisantes, honteuses ou infamantes. On peut appeler ces différences des « stigmates » : des caractères qui jettent un discrédit immédiat sur certains individus. Alors qu'ils auraient pu ou dû, au vu de leurs autres caractères, être pleinement admis, dans le groupe, ils risquent fort d'être moqués, voire rejetés [10].

---

9 Claude Levi-Strauss, *Race et histoire*, Denoël-Gonthier, Médiations, Paris, 1961, p. 19.

10 Erving Goffman, *Stigmate*, Minuit, coll. « Le sens commun », Paris, 1975, p. 13.

Les différences stigmatisantes peuvent être classées en trois catégories distinctes. La première regrouperait les stigmates d'appartenance, appartenance à certaines minorités religieuses, ethniques ou culturelles. Être juif ou musulman dans une société chrétienne ou athée ; être noir ou de type asiatique, etc. dans une société blanche ; appartenir au groupe des gens du voyage dans une société sédentaire constituent les principaux stigmates de cette première catégorie. Esclavage, colonisation, antisémitisme, génocides juif et tzigane, guerres ethniques, intégrismes qui se rejettent les uns les autres : l'histoire en général, l'histoire du XXe siècle en particulier, est là pour nous montrer combien les minorités que nous avons nommées ont été discriminées et persécutées. Aujourd'hui encore, malgré toutes nos belles déclarations sur l'égalité entre tous les hommes et sur la fraternité qui doit les unir, nous ne sommes certainement pas à l'abri des régressions et des équivoques. Il reste, à l'égard de ces minorités stigmatisées dans l'histoire, une atmosphère hostile, faite de défiance, de haine latente, de préjugés d'autant plus puissants qu'ils ne sont pas reconnus comme tels ; au mieux une tolérance de façade qui n'a rien d'une acceptation vraie.

Toutefois, quand il n'y a pas persécution, les stigmates d'appartenance sont peut-être les moins douloureux. Les groupes stigmatisés dans la société constituent volontiers des contre-sociétés : des associations qui luttent contre les discriminations, des réseaux de solidarité, d'entraide et de soutien. Ou, pour le dire autrement, ceux qui sont rejetés à la marge d'une société appartiennent pleinement ailleurs : à la communauté des leurs ; ils y trouvent en général de la chaleur et de la fraternité et, par là, une réconciliation avec leur identité.

Les stigmates de la seconde catégorie sont des stigmates symboliques. Cette catégorie regroupe des individus qu'en apparence rien ne relie : les homosexuels, les prostitué(e)s, les drogués, les alcooliques, les illettrés ; ceux qui ont été incarcérés, internés ou qui vivent des minima sociaux... Aussi différents qu'ils soient, ces gens ont quelque chose en commun : on infère, le plus souvent à tort, qu'ils se retrouvent dans cette situation par leur « faute » : à cause d'un manque de volonté, d'une déficience ou d'une tare du caractère, d'une perversion ; bref, d'une certaine « anormalité » psychique. On peut rattacher à ce groupe les enfants abandonnés ou placés ; personne, bien sûr, ne peut penser qu'ils sont responsables de leur situation, mais on soupçonne facilement chez eux une hérédité douteuse, un dangereux atavisme qui les vouera ensuite à des troubles du caractère et à d'inquiétantes déviances. Que tous ceux que nous avons nommés appartiennent bien au même groupe, c'est ce qu'atteste aussi le lexique de nos insultes les plus courantes : « pédé », « enculé », « putain », « pouffiasse », « bâtard », « cinglé », « taré »... Ce sont ces mots qu'on emploie aujourd'hui, quand on ne se contrôle plus, quand on veut blesser. On les utilise alors pêle-mêle, tous confondus, sans être attentif à leur sens, sans même le connaître parfois.

Les stigmates de cette seconde sorte ne sont pas immédiatement visibles. Quand ils ne sont pas déjà connus, le problème pour celui qui les porte est de savoir s'il doit feindre ou ne pas feindre, cacher ou révéler, à qui, quand et comment. À cacher la différence infamante, on se sent vite un imposteur, un traître à sa communauté d'appartenance... Mais il est aussi évident que révéler sa différence dans certains cercles serait courir le risque d'y être réduit, de se faire rejeter ; faire preuve, en somme, d'une dangereuse et arrogante imprudence.

Les stigmates symboliques sont essentiellement dus aux préjugés sociaux : ils évoluent avec eux. Il est, en effet, remarquable que la « normalité » désigne, à la fois, une moyenne statistique et un principe d'appréciation positive. Elle oscille entre le concept de « type moyen » et celui de « type idéal » et passe subrepticement du premier sens au second ; de telle sorte que, dans toute société, celui qui présente un écart par rapport à l'état du plus grand nombre risque, *a priori*, de sembler moins satisfaisant. Stigmatisés hier, les enfants de mère célibataire ne le sont plus aujourd'hui parce que nos mœurs ont changé et qu'ils sont devenus plus nombreux. Les deux raisons fonctionnent en boucle : l'évolution des mœurs entraîne l'augmentation du nombre, qui elle-même contribue à modifier l'opinion et l'état des mœurs. Ou encore, quand le divorce était une exception, être enfant de divorcés ou divorcé soi-même pouvait constituer un stigmate : les divorcés étaient exclus de certains cercles, leurs enfants pouvaient l'être d'une colonie de vacances ou d'un voyage linguistique en raison de supposées difficultés d'adaptation. Être divorcé est aujourd'hui la banalité même, une parfaite normalité. La différence honteuse peut même, dans certains cas, basculer de l'autre côté ! Conformisme social aidant, certains jeunes couples se demandent si, à rester ensemble, ils ne risquent pas de « manquer quelque chose » ; ce qu'on peut traduire comme une peur de ne pas avoir une vie valable ou parfaite, à seulement différer d'une majorité devenue une nouvelle norme.

Les stigmates symboliques sont donc essentiellement une question de « point de vue ». Le même caractère qui stigmatise un individu dans tel groupe ou à telle époque, confirme ailleurs la banalité ou la normalité d'un autre. Il n'est, en somme, et c'est heureux, rien de plus instable que les préjugés. Ceux qui endurent ces différences stigmatisantes peuvent y voir des raisons de patienter, de lutter et d'espérer.

Les stigmates du troisième type sont relatifs au corps : au premier rang, les difformités du visage (être dépourvu de nez, avoir subi une greffe de la face), puis, les handicaps mentaux, moteurs ou sensoriels ; enfin, les diverses difformités physiques (n'avoir qu'une seule jambe, être gravement obèse...). Ces stigmates entraînent toujours une tension dans les rapports sociaux, une zone où la communication est difficile. Ils rendent souvent, chez ceux que rencontre la personne stigmatisée, l'identification impossible. Une personne handicapée a pourtant le très profond sentiment d'être capable de la même humanité que toute autre. Elle se sent une personne pleinement humaine et pourtant un peu différente et à part. Ce n'est pas contradictoire : handicapé, on est pleinement humain mais avec une situation différente et difficile. Ou, en d'autres termes, on n'est pas handicapé, on a un handicap ; on est une « personne en situation de handicap ».

Mais, dans la société, on n'est pas toujours traité comme tel. Parfois, même des médecins ne s'adressent qu'à celui qui accompagne la personne qui présente un handicap, parlant devant elle, à la troisième personne, comme si elle n'était pas là ou était incapable de compréhension et de parole humaines. Ainsi, une première imperfection en fait supposer d'autres : « Certains s'adressent aux aveugles en criant comme s'ils étaient sourds ou les guident en les soulevant comme s'ils étaient des infirmes [11] ! » Le dictionnaire est, lui aussi, à cet égard, édifiant. Être aveugle, c'est

---

11 *Ibid.*, p. 16.

inséparablement être privé du sens de la vue et manquer de réflexion, d'esprit critique et de discernement. De façon analogue, on pense souvent que les sourds ont, de surcroît, des tendances à la paranoïa. La langue commune aide, là encore, à l'amalgame : être sourd, ce n'est pas seulement ne pas entendre ; c'est être incapable de prendre en compte le point de vue d'autrui (« un dialogue de sourds »), voire être insensible et indifférent (« il reste sourd à ma souffrance »). On conviendra donc qu'il existe en chacun une tendance à penser qu'une personne qui présente un stigmate corporel est moins humaine qu'une autre.

Parce qu'ils partagent des situations analogues, les itinéraires de ceux qui présentent une différence stigmatisante ont quelque chose en commun. Dans l'enfance, la famille entoure ses petits, le plus souvent, d'une enveloppe protectrice. Jamais déprécié, toujours soutenu, l'enfant différent ne sait pas vraiment qu'il est différent. C'est lors du passage à d'autres sphères d'appartenance (l'école la plupart du temps) qu'il apprend des autres son stigmate à coups de refus de jouer avec lui, de moqueries, de sarcasmes ; avec la perte de l'estime de soi qui en résulte. Dans la cour de récréation, un enfant noir, par exemple, aura parfois à défendre sa fierté à coups de poing. Et même inclus dans une classe « normale », un enfant handicapé sera exclu de certaines activités et souvent rejeté à la marge.

L'adolescence risque de constituer une épreuve plus grave. Dans le cercle de ses copains, le jeune qui se croyait intégré réalise combien cette acceptation pouvait être fragile ou marquée d'arrière-pensées. Lors des premières rencontres amoureuses, ceux de sa bande trouveront facilement un « copain » ou une « copine » quand lui restera seul. Et il est difficile de trouver des expériences vécues dans lesquelles on puisse se sentir autant réduit à sa différence et autant rejeté.

La stigmatisation s'accroît quand il faut entrer dans la société et tenter d'y gagner sa vie. Pour rendre leur curriculum vitae plus acceptable, en France aujourd'hui, les jeunes issus de l'immigration doivent parfois franciser leur nom ou éviter une adresse qui les stigmatise d'emblée. Quand on est handicapé, il arrive qu'on ait à s'excuser d'avoir le culot de se présenter pour une place au lieu de se contenter de vivre de l'assistance publique : « Me présenter pour un emploi, dit un paraplégique, c'était, à chaque fois, comme me tenir devant le peloton d'exécution [12]. »

La plupart des personnes qui vivent une différence infamante finissent toutefois par rencontrer d'autres humains capables de se mettre à leur place, parce qu'ils auraient pu l'occuper, parce qu'ils l'occuperont peut-être un jour ou parce que chacun porte plus ou moins son stigmate. Ils sont alors mûrs pour comprendre, que, si difficile soit-elle, leur situation ne détermine pas leur identité, qu'on peut en général faire quelque chose de ce que l'histoire ou les accidents de la vie ont fait de nous. Beaucoup de « stigmatisés » ont des vies riches et pleines de sens quand beaucoup de « normaux » n'assument que des emplois du temps d'impotents !

Relions, pour terminer, ces considérations à ce qui sera notre propos. Douteux en tant qu'« abandonné », l'enfant adopté peut, de surcroît, être stigmatisé en raison de son origine ethnique ou de la couleur de sa peau. Mais il ne peut alors comme les jeunes Noirs ou Maghrébins se réfugier parmi les siens, dans sa communauté d'origine, pour y

---

12 *Ibid.*, p. 48.

trouver soutien et consolation. Il devra, de plus, grandir dans une famille qui n'était pas la sienne au départ. Être adopté n'est pas être handicapé (même si certains enfants adoptés sont aussi des enfants handicapés). On peut néanmoins comprendre Marie Brunet quand elle écrit : « Je vivais mon adoption comme une légère infirmité qui ne me faisait pas tout à fait pareille aux autres et à laquelle je ne devais pas trop penser [13]. »

Appartenances et identité : deux concepts distincts

Par opposition au concept d'appartenance, le concept d'identité met l'accent sur l'unité de la personne : nous parlons de notre identité, et non de nos identités. Unité illusoire ? On le croirait parfois ; il s'agit, en effet, d'une unité relative car nous sommes des êtres composites et pétris de contradictions ; notre stabilité est précaire car nous sommes exposés aux aléas de la vie. Notre identité se remanie donc sans cesse, mais dans un effort vers moins d'incohérences et dans un jeu sans fin de pertes et de réappropriations. Notre identité, c'est un peu une représentation idéale de nous-même comme sujet libre, unique et souverain. Mais il s'agit là d'une exigence vitale, dont nous avons un absolu besoin pour construire notre vie et nous percevoir comme responsables de nos actes.

Le concept d'appartenance, lui, éclaire un autre aspect du moi : son aspect divisé, écartelé parfois, puisque nos appartenances sont toujours multiples. Personne ne se

---

13 Marie Brunet, *L'Amour adopté*, Renaudot et Cie, Paris, 1989, p. 19.

définit par une appartenance unique (sauf à tomber dans le pire des sectarismes). La multiplicité de nos sphères d'appartenance, de plus en plus choisies au fil de l'existence – même si le hasard y tient encore une part importante –, contribue à nous doter d'une identité singulière. Une identité, pour une part, se construit, se « bricole », à l'intersection de nombreuses appartenances qui permettent à chacun de se différencier, mais aussi de relativiser ses premières appartenances, de se libérer, de mettre du jeu dans les rouages de sa vie, de conserver des jardins secrets. Nous avons besoin d'appartenances diverses pour développer et exprimer les différentes facettes de notre personnalité, mais besoin aussi qu'il n'y ait pas trop de conflits entre elles, qu'elles puissent cohabiter en nous sans trop nous écarteler. Il est des adultes qui rompent totalement avec leur famille parce qu'ils n'en partagent plus les valeurs, n'en acceptent plus les règles de conduite.

Le concept d'identité jouit d'une certaine aura, ses connotations sont plutôt positives : originalité, liberté, unité et unicité, continuité de soi. Le concept d'appartenance est moins prestigieux : il offre certes un aspect rassurant de sécurité affective au sein d'un groupe, mais aussi une facette grégaire, contraignante, d'imitation/limitation.

On peut considérer aussi que le désir d'appartenance et la revendication d'identité sont l'avers et le revers de la même médaille, à savoir notre soif de reconnaissance (d'exister aux yeux des autres) : d'un côté, le besoin d'être semblable pour être accepté et se sentir en sécurité, de l'autre, le besoin narcissique de se distinguer. Cela apparaît très clairement dans tous les phénomènes de mode.

Quoi qu'il en soit, il semble qu'à notre époque férue d'individualisme on parle plus volontiers de son identité que de ses appartenances, invisibles à force d'être présentes, et qui imposent à la fois leurs pesanteurs et leurs richesses.

Identité et appartenance : au-delà de cette distinction, une racine commune

Revenons maintenant à la croissance et au développement psychique de l'enfant. Au début de ce chapitre nous avons évoqué les sphères d'appartenance successives du jeune enfant, telles que les décrit le psychanalyste Jacques Lévine. Sphères emboîtées qui vont en s'élargissant progressivement (le corps maternel, la maman et le couple parental, la famille proche puis la famille élargie, etc.), mais aussi sphères décalées, parfois à peine sécantes, qui permettent à l'enfant d'exister hors de la famille, dans un monde auquel la famille n'a pas totalement accès : c'est le cas de l'école, du centre aéré, du club de sport ou du cours de danse... Si le parent n'en est pas totalement exclu, il n'en a pas une expérience directe. Dans le prolongement de l'analyse précédente, nous pourrions définir l'identité comme l'intersection de toutes ces sphères, je suis moi en tant que j'appartiens à la fois à toutes ces sphères, et mon plus proche, mon semblable, est celui qui partage avec moi le plus grand nombre de ces sphères.

Mais cette approche de la construction identitaire ne nous semble pas suffisante, elle manque l'essentiel ; certes, l'identité s'étaye sur nos multiples appartenances, mais il lui faut d'abord se construire, très précocement, par différenciation entre le soi et l'autre ou, pour mieux dire, se constituer par l'émergence du sujet dans la relation intersubjective : « JE » émerge en même temps que « TU » apparaît comme un autre « JE ». Parler d'identité à propos du bébé, ce n'est pas seulement mettre l'accent sur le processus de séparation à l'œuvre dès la naissance par rapport au *corps* de la mère, séparation commune à l'humain et à tout le règne animal ; c'est évoquer son émergence comme sujet dans le *langage* et dans la *relation* intersubjective. Sujet nommé et prénommé par ses parents, existant comme tel dans la conscience et le langage de ses parents, et sujet qui va apprendre à dire JE en son nom propre.

La toute première appartenance est appartenance au corps de la mère, et la première manifestation de l'identité est le cri de l'enfant, soudain arraché au corps de sa mère et propulsé dans le monde. L'identité plonge sa racine dans l'appartenance au corps maternel, puis à une lignée biologique, à une famille à laquelle l'enfant s'identifie... Toutefois, elle ne s'origine pas dans la seule différenciation des corps, mais dans la construction simultanée de soi comme JE et de l'autre comme TU, donc dans l'intersubjectivité.

Identité-différenciation. La séparation-différenciation est source de risque et d'angoisse pour le bébé. Vivre, naître, c'est être exposé à la mort. Le bébé ne peut survivre – comme tout être vivant – que dans un environnement protecteur, enveloppant, bienveillant. Dès que les conditions environnementales se détériorent, la mortalité des nourrissons augmente. On peut donc postuler raisonnablement que le bébé, bien que n'ayant pas les mots pour le dire, est très réceptif, perméable aux impressions de sécurité ou de menace qui lui parviennent de son entourage, et d'abord de sa mère.

Nous croisons ici, sans surprise pour ce qui nous concerne, la théorie de l'attachement (due d'abord à John Bowlby, psychanalyste anglais pas très orthodoxe, puis à ses successeurs) qui met au premier plan le besoin vital de sécurité de l'enfant, mais aussi de nombreux petits du monde animal. L'enfant s'attache à sa mère, non parce qu'elle est sa mère biologique – il est prêt à s'attacher aussi bien, ou presque aussi bien ? – à tout *caregiver* (donneur de soin) aussi zélé et attentif à son bien-être que la mère ; il s'attache à elle parce que, dans la plupart des cas, elle est entièrement tournée vers le souci et le soin de son bébé, qu'elle lui assure donc le maximum de sécurité compatible avec l'étrange dureté de son nouvel environnement. La force de cette première appartenance tient à cet extrême besoin de sécurité qu'éprouve le très jeune « petit » : être nourri, être réchauffé, être porté, être câliné, est pour lui une seule et même réalité, et le lien d'attachement constitue un rempart psychique contre l'angoisse.

L'oscillation entre fusion/appartenance et identité/séparation est très visible lorsque, vers dix-huit mois, le jeune enfant est capable de marcher et de dire non : il oscille entre les moments où il s'éloigne, veut faire tout seul, veut imposer sa volonté en s'opposant à ses parents, moments où il prend conscience, dans l'action, qu'il existe séparé de sa mère et déjà capable d'une certaine autonomie, et les moments où il se précipite vers elle pour se pelotonner dans son giron, comme s'il voulait rentrer dans le corps maternel et retrouver la fusion totale avec elle. L'identité/séparation est adossée à l'appartenance/fusion, la suppose, la requiert... C'est pour permettre cette différenciation que Donald Winnicott pose comme exigence que la mère soit

« suffisamment bonne [14] » : si elle ne l'est pas assez, l'enfant souffre d'un sentiment d'insécurité, mais si elle se veut parfaite, si elle est parfaite, trop dans la satisfaction de toutes les demandes du bébé, l'enfant ne parvient plus à se séparer, à aller vers son autonomie.

Identité-intersubjectivité. Mais l'attachement à la mère, l'enveloppement maternel ne permettent pas seulement la survie (comme c'est le cas chez les animaux supérieurs), ils permettent l'humanisation, c'est-à-dire l'émergence d'un sujet humain, d'une identité unifiée qui s'exprime dans le langage lorsque l'enfant accède au JE et au TU. C'est le point, à nos yeux, le plus important et le plus mystérieux, sur lequel il est difficile de mettre des mots justes. Nous en connaissons le point d'aboutissement : l'enfant devenu capable de dire JE et d'exprimer son désir, et de savoir que sa mère dit JE pour son compte en exprimant un désir autre, l'enfant capable de désirer le désir que sa mère a de lui et de souffrir si elle s'occupe de lui comme d'un objet, absente à la relation, comme il arrive lorsque la mère est trop préoccupée, dépressive ou victime de certaines pathologies. Il est plus difficile de dire comment cela se met en place. Nous aurions envie d'évoquer ce face-à-face mère enfant, où chacun lit la tendresse et la reconnaissance de soi dans le regard de l'autre, cette relation en miroir d'avant le stade du miroir, où ce sont les yeux qui sont le miroir dans lequel chacun se regarde, où l'enfant se voit aimable parce que regardé et aimé. Mais, chez un bébé aveugle ou avec une maman aveugle, ce petit miracle a lieu aussi. Évoquer le

---

14 Donald Winnicott, *La Mère suffisamment bonne*, Payot-Rivages, coll. « Petite bibliothèque Payot », Paris, 2006.

regard est donc une manière de faire comprendre quelque chose qui est de l'ordre de la réciprocité et de la reconnaissance mutuelle, mais dont les voies sont multiples et peu accessibles à l'analyse...

La stimulation vient-elle prioritairement de l'adulte ou le bébé cherche-t-il de lui-même la relation ? Lorsque l'interaction se met bien en place, on perçoit rapidement que le bébé est capable lui aussi d'initier l'échange, de chercher le regard de sa mère, de chercher à attirer son attention ; mais si la mère est incapable d'initier la relation, si elle est absente de la relation et s'occupe du bébé comme elle s'occuperait d'un objet, si elle ne « parle pas le/au bébé », l'enfant se retire et devient incapable de chercher plus longtemps la relation : quelque chose en lui s'éteint. Son appétit de vivre, c'est-à-dire d'être en lien avec un autre humain, s'étiole et meurt.

C'est alors l'accès au désir qui est ainsi barré. Le propre du désir, en tant qu'il est différent du besoin, est qu'il est désir du désir de l'autre. Il ne se satisfait pas d'une simple présence physique, il demande une présence, une attention psychique. Il suppose donc que l'autre me reconnaisse et inséparablement soit reconnu comme un TU qui est un autre JE, un TU qui m'échappe, qui a son propre désir, qui n'est pas un simple objet à ma disposition.

Le bébé humain est un être de besoin : besoin de nourriture, de chaleur, de propreté. Il est aussi un être de demande : il attend cette nourriture, cette chaleur et cette propreté d'un autre être humain, un humain qui n'est ni robot, ni machine, ni couveuse, mais un humain précis et identifié très tôt dans sa vie. Il est encore (et surtout ?) un être de désir : il a désir d'être reconnu par l'autre comme un sujet et il est capable de reconnaître l'autre comme un sujet, avec ses émotions propres, ses désirs propres, ses états d'âme changeants. Capable de percevoir et de réagir à la tristesse, à la dépression de sa mère, capable aussi de la ménager (d'éviter de mordre le sein lorsque la mère exprime sa souffrance, par exemple).

À nos yeux – et nous avons conscience de développer là des hypothèses difficiles à démontrer, mais qui tirent leur force de ce qu'elles vont nous permettre ensuite de mieux comprendre –, cette entrée dans le monde du désir et de la relation intersubjective permet à l'enfant d'accéder à l'humanité de deux manières. Par le langage, l'enfant donne du sens au monde, il perçoit l'opposition du beau et du laid, du gentil et du méchant, du permis et de l'interdit, dans la relation que sa mère – ou la personne qui tient le rôle maternant – entretient avec le monde autour d'elle. Par la relation en miroir, il accède à l'empathie, à la sollicitude pour l'autre, donc au sens moral, qui ne se définit pas par la distinction permis-interdit, mais par la reconnaissance de l'autre comme autre et par la prise en compte de son point de vue et de son bien-être.

Un bébé qui n'a pas connu la satisfaction de ses besoins essentiels, non seulement de ses besoins physiques, mais de ses besoins de sécurité, de tendresse, de langage, d'interrelation est en danger de ne pas être capable d'entrer dans le monde social en en acceptant les frustrations (comme si le monde était indéfiniment en dette à son égard et comme si la loi sociale ne pouvait pas être reconnue comme bonne par celui qui n'en a pas vécu d'abord la dimension protectrice), en danger d'être peu ou prou handicapé du côté du sens de l'autre, du sens moral, enfin en danger d'entrer dans une vie dépourvue de sens, une vie sans désir, sans projet, sans avenir.

Appartenances et identité : leurs interactions

Distincts, les deux concepts ont donc, on le voit, partie étroitement liée à l'origine. Leur racine est commune. Il y a d'ailleurs plusieurs aspects à l'identité. Ainsi, Hannah Arendt oppose « ce que je suis » à « qui je suis » : ce que je suis, autrement dit ce que je n'ai pas choisi, ma famille, mon milieu social, ma nation, et qui je suis, la personnalité unique que je construis au fil du temps [15].

Notre identité est, dès l'origine, une identité d'appartenance : le nom et la nationalité que nous recevons à la naissance, qui constituent notre identité juridique (celle de notre carte d'identité), nous les recevons en héritage et ils signent notre appartenance à une famille et à un pays. D'ailleurs, le mot français « identité » fait entendre le mot « identique » et non le mot « unique » : au sein d'une communauté d'appartenance, les humains se sentent des « semblables ». Ce qu'ils ne sont en aucun cas, mais le commun qui les rassemble est alors plus fort que les différences qui pourraient les séparer et cette identification aux autres est la première source de leur sentiment d'identité. Sur le plan psychique, notre identité se bâtit à travers de nombreuses identifications dont l'influence ne cesse d'évoluer, au cours de notre vie, au gré de nos appartenances : identification à nos parents, aux membres de notre famille, puis à ceux qui comptent pour nous et qui nous influencent. Être soi, c'est d'abord se sentir appartenir à une famille, à un groupe professionnel, un village, une ville, une région... ou

---

15 Hannah Arendt, *Vies politiques*, Gallimard, coll. « Tel », Paris, 1974, p. 85 ; et *La Philosophie de l'existence*, Payot-Rivages, Paris, 2000, p. 137.

à plusieurs... Toutes choses qu'on évoque quand on se présente à quelqu'un d'inconnu. Comment pourrait-on décliner son identité sans évoquer ses appartenances ? Des appartenances toujours évolutives et multiples pour chacun d'entre nous et faites, malgré les apparences, de métissages internes pour chacune d'entre elles, tout cela bien loin de l'idée d'une identité unifiée et clairement définie une fois pour toutes.

Avec notre identité personnelle commence notre caractère de personne unique et comme telle irremplaçable. Et cette identité personnelle a deux aspects, selon la distinction que nous empruntons à Paul Ricœur [16] :

– l'identité-idem ou « mêmeté » : je demeure le même malgré les changements qui m'affectent, qui n'empêchent pas la continuité de soi, continuité assurée par la mémoire ;

– l'identité-ipse ou « ipséité » : je suis autre que tout autre, doté d'une vie intérieure qui m'est propre et à laquelle les autres n'ont pas totalement accès, riche d'un moi intérieur dont j'essaie d'ouvrir la porte dans l'intimité plus que dans la société. Je dispose d'une faculté de jugement autonome quelles que soient les influences qui s'exercent sur moi. Je suis capable de commencer quelque chose par moi-même. Chaque personne peut ainsi être considérée, selon la formule de la philosophe américaine Amélie Rorty, « comme un centre unifié de choix et d'actes. [...] Ayant choisi, la personne agit et est donc légalement et moralement responsable [17] ». Aussi limitée que soit son unité, aussi relative que soit l'autonomie de son choix.

---

16 Paul Ricœur, *Soi-même comme un autre*, Seuil, coll. « L'ordre philosophique », Paris, 1990, p. 140.

17 Amélie Rorty, *The Identities of Persons*, University of California Press, Berkeley/Los Angeles, 1976, p. 309.

Mêmeté et ipséité sont liées. Quand la mémoire disparaît – par exemple dans les derniers stades de la maladie d'Alzheimer –, la vie intérieure s'efface aussi et avec elle la capacité de choisir, d'agir, donc la responsabilité.

Cette identité personnelle n'est pas posée à côté de l'identité d'appartenance, elle y trouve son origine et la prolonge : le sentiment de continuité de soi, notre identité-mêmeté, est ancré dans notre appartenance familiale, dans les souvenirs de notre vie passée, dans le récit intérieur que nous nous en faisons – je peux évoquer intérieurement mon parcours de vie, comme un fil narratif à mi-chemin de la réalité et de la fiction tant la mémoire réécrit le passé... Les souvenirs évoqués à plusieurs voix lors des réunions de famille (ou banquets d'anciens élèves, etc.) entretiennent le contact avec une réalité objective mais aussi avec une fiction collective, cependant que le travail de ma mémoire, quand je suis seul, contribue à « coloriser » mon passé à la lumière de ce que je pense être, désire être aujourd'hui.

Sans appartenances, nous n'aurions sans doute pas de mémoire, a montré le sociologue Maurice Halbwachs dans son livre *Les Cadres sociaux de la mémoire* [18] : c'est parce que nous pouvons, au sein d'un groupe d'appartenance, évoquer périodiquement nos souvenirs communs, que ces souvenirs restent ancrés dans notre mémoire – et avec eux le sentiment de notre continuité d'existence. Pour se souvenir, on se dit « c'était l'année où on a déménagé » (mémoire familiale), « c'était l'année de la grande tempête » (mémoire régionale), « c'était l'année où Le Pen était au second tour » (triste mémoire nationale !). Dans un cercle d'appartenance, on partage des souvenirs, tout un pan d'histoire parfois.

---

18 Maurice HALBWACHS, *Les Cadres sociaux de la mémoire*, Alcan, Paris, 1925.

Lorsque ces cadres sociaux font défaut – immigré solitaire par exemple, sans occasion de parler sa langue maternelle –, la mémoire fléchit jusqu'à disparaître en grande partie.

Or la capacité à mettre sa vie en récit est un élément fondateur de l'identité... L'amnésique ne sait plus qui il est parce qu'il ne peut plus se raconter à lui-même, évoquer le récit à la fois linéaire et foisonnant de digressions de sa propre vie, la trame et les motifs décoratifs ont disparu, il se sent intérieurement vide et inexistant.

De même, la construction de l'ipséité a besoin de s'étayer sur des appartenances pour s'identifier volontairement tout autant que pour se différencier. C'est à partir d'identifications qu'on forge sa personnalité, qu'on affirme ses différences, qu'on devient qui on est. L'autre moi-même m'est nécessaire pour prendre conscience de ce que je fais, de ce que je veux, de ce que j'aime, de ce que je refuse.

Il ne faut donc pas penser les distinctions que nous avons proposées comme des réalités disjointes, posées côte à côte, mais plutôt comme des étages d'une pyramide : l'identité d'appartenance en est la base, c'est sur elle que s'appuie, que se fonde l'identité-mêmeté, la continuité d'un soi solide et cohérent, socle qui permet à son tour le développement de l'ipséité, du soi unique, original et irremplaçable qui constitue la pointe de cette pyramide.

2

Appartenances et adoption

> « L'enfant adopté doit résoudre l'énigme que lui pose le message de ses parents adoptifs : "Tu n'es pas notre enfant... Tu es quand même notre enfant... Nous allons t'aider à faire en sorte qu'à partir de cette origine tu te construises aussi solidement que possible." Certains enfants adoptés, sans occulter l'adoption, s'en tiennent à l'affirmation centrale : "Tu es notre enfant." S'agit-il d'une forme de déni ? Rien ne l'indique. Plus probablement d'une acceptation de la réalité de la part d'un jeune en sécurité affective, acceptant le réel tel qu'il est, sans regret inutile. Pour d'autres il est plus difficile de se construire une identité solide à partir de ce triple message, d'où une adolescence plus perturbée, intérieurement et extérieurement. »
>
> Jacques LÉVINE, préface de *Au risque de l'adoption, op. cit.*

Le lecteur qui nous a accompagnées jusqu'ici en ayant en tête le vécu et l'intériorité d'un « sujet » adopté (encore enfant ou déjà adulte) a peut-être déjà mentalement écrit la suite de notre texte, tant il nous semble que le concept d'appartenance est riche pour éclairer le monde intérieur des enfants adoptés et qui sont en difficulté ou en souffrance.

Enfants qui, avant même d'arriver chez nous, ont vécu, ne serait-ce qu'*in utero*, une autre sphère d'appartenance. Qui, arrivés chez nous, portent le plus souvent dans leur imaginaire d'autres cercles d'appartenance : leur famille de naissance, leurs frères et sœurs réels ou imaginaires restés avec les parents biologique, la collectivité de l'orphelinat ou de la crèche (selon le mot en usage dans le pays) ou encore la famille d'accueil, les éducateurs du foyer, un quartier, un milieu social, un pays, une culture... Existe-t-il alors pour eux une appartenance vraiment solide, qui ne soit jamais remise en question ?

Des appartenances multiples

Dans un très bel article [1], Jacques Lévine soutient que tout enfant adopté appartient dans sa tête à trois familles : sa famille adoptive, sa famille d'origine et la grande famille des enfants adoptés... Trois familles qui ne pèsent pas du même poids pour chacun d'eux, ni dans le réel ni dans l'imaginaire.

La famille adoptive est réelle, famille nucléaire ou famille élargie, ce qui ne l'empêche pas de comporter une dimension imaginaire : la mémoire familiale fait volontiers mention d'un ancêtre défunt qui a laissé des traces dans les souvenirs, qu'un grand-parent est seul à avoir connu, par exemple, et qui est cependant inclus dans cette sphère d'appartenance. Ou, pour le dire autrement : une famille, ce n'est pas seulement des personnes réelles en chair et en os, c'est une histoire familiale toujours un peu mythifiée, dont on se transmet la mémoire d'une génération à l'autre.

---

1 Jacques LÉVINE, « Adoption et cultures : de la filiation à l'affiliation », *in* Zerdalia K. S. DAHOUN, (dir.), *Adoption et culture, de la filiation à l'affiliation*, L'Harmattan, Paris, 1996, p. 50.

La famille d'origine existe le plus souvent quelque part et, parfois, l'enfant en a des souvenirs, vagues, déformés peut-être... pour lui ce sont des souvenirs. Mais, en général, elle existe surtout dans son imaginaire ; l'enfant y rêve, se demande à qui il ressemble, pourquoi on l'a laissé, s'il a des frères et sœurs, s'ils sont placés ou adoptés eux aussi ou restés avec leur mère, si on pense encore à lui, etc. La mère d'origine, notamment, est souvent idéalisée. Penser à elle suscite de la nostalgie (« Ce serait mieux si ma première maman m'avait gardé ») mais aussi hargne et haine, qui sont l'envers de cette nostalgie (« Pourquoi ne m'a-t-elle pas gardé ? »). La famille d'origine, pour beaucoup de nos enfants, fait ainsi l'objet d'une intense activité fantasmatique. Une activité plutôt ambivalente ou douloureuse, ou simplement un regret. Certains jeunes adultes affirment qu'ils ne pourront rien construire de leur vie personnelle avant d'avoir retrouvé leur famille d'origine.

Précisons mieux la source de cette activité fantasmatique qui peut surprendre. La plupart de nos enfants n'ont pas, osons le dire, la « chance » d'être orphelins. Ils ont été abandonnés, ce qui est bien pire. Leurs parents d'origine ont disparu mais, selon toute vraisemblance, ils continuent à vivre, et leurs enfants ne savent ni où ni comment. Quand quelqu'un disparaît sans qu'on ait la certitude qu'il est bel et bien mort, le travail de deuil ne peut pas se faire. La survie possible entretient le rêve d'un retour et de retrouvailles. Et aussi une certaine ambivalence. *A contrario*, une perte qu'on sait définitive, si douloureuse soit-elle, a quelque chose de libérateur. Si elle favorise une idéalisation, elle oblige à se tourner vers l'avenir. Dans l'abandon, « le parent irreprésentable, absent, jamais connu, exerce une attraction dont le sujet ne pourra jamais totalement se déprendre », dit

Maurice Berger[2]. Un jeune adopté, dont les parents de naissance sont décédés, nous dit avec beaucoup de lucidité : « Pour moi, c'est plus facile, je n'ai jamais été abandonné. » Les fantasmes autour des parents d'origine tendent en somme à remplacer, chez l'enfant adopté, le classique roman familial, ils en offrent une version moins transitoire, plus ambivalente et donc nettement moins rassurante et gratifiante.

La troisième famille, la grande *famille des adoptés*, est, elle, très largement imaginaire : certains disent porter dans leur tête un sentiment de fraternité avec tous les adoptés parce qu'ils ont vécu la même expérience qu'eux et peuvent donc les comprendre. La sphère d'appartenance, ici, regroupe imaginairement des interlocuteurs qui pourraient se comprendre presque sans mots, juste par allusions... Alors que, dans la famille adoptive, ces enfants ont le sentiment de ne pas pouvoir être entièrement compris. Cette « famille » se concrétise parfois dans des associations d'adoptés devenus adultes[3]. Tous, toutefois, ne ressentent pas ce type de fraternité. L'appartenance de fait au groupe des adoptés ne s'accompagne pas, pour certains, du sentiment d'y appartenir ; ils peinent à s'y affilier et n'aiment pas trop penser qu'ils ont été adoptés. L'appartenance est alors refusée ou plutôt, sans doute, déniée, voire refoulée.

Mais il nous semble aujourd'hui que Jacques Lévine a oublié deux « familles », ou du moins deux sphères d'appartenance. L'une d'entre elles est la culture d'origine de l'enfant ou, dans bien des cas, le pays d'origine, comme en

2 Maurice Berger, *L'Enfant et la souffrance de la séparation*, Dunod, Paris, 2003, p. 69.

3 En France, « Racines coréennes », « La Voix des adoptés » et « Perspectives d'adoptés ».

témoignent l'existence de « Racines coréennes » et celle de commissions par pays d'origine au sein de « La Voix des adoptés ». Là encore, nous ne pouvons généraliser : pour ceux qui sont arrivés bébés, parfois même pour ceux qui sont arrivés plus grands, il se peut que le pays d'origine ne signifie pas grand-chose. C'est toutefois assez rare. Bien que juridiquement et culturellement français et conscients de l'être, beaucoup d'entre eux ont noué un lien intérieur fort avec le pays de leur naissance.

Enfin, tous les jeunes adoptés viennent d'ailleurs, quel que soit cet ailleurs, milieu social ou pays étranger, rue, foyer, famille d'accueil ou orphelinat... Beaucoup se sentent donc appartenir à l'immense groupe des « étrangers » : les exilés, les immigrés, les déracinés qui doivent s'assimiler. En témoigne le choix de leurs amis, souvent des jeunes issus de l'immigration. Le sentiment d'appartenir à cette ultime sphère est évidemment plus fort ou plus pesant pour ceux que leur physique désigne à l'attention comme venus d'ailleurs mais vaut aussi pour ceux qui sont issus de l'adoption nationale. Dans son récit autobiographique *Le Sens de la famille*, l'écrivaine A. M. Homes, issue d'un couple d'Américains et adoptée à la naissance par une famille américaine, évoque les deux figures héroïques qui ont marqué son enfance, Eleanor Roosevelt et Babe Ruth. Toutes deux ont grandi loin de leur famille d'origine. Elle écrit alors : « C'était dans leur expérience d'étrangères que je me reconnaissais », et elle ajoute : « Je ne suis pas seulement le produit de quatre récits familiaux, je suis le produit de l'histoire de l'étranger qu'on assimile [4]. »

---

4 Amy Homes, *Le Sens de la famille*, Actes Sud, Arles, 2009, p. 231.

Appartenir à autant de sphères peut certainement se révéler un jour une richesse, mais, au départ, dans l'enfance et l'adolescence, c'est surtout une difficulté parce que se profile un risque de non-appartenance, de mésappartenance, d'appartenances dévalorisées et d'abord parce que l'enfant adopté doit, par définition, quitter ses appartenances d'origine pour passer à d'autres.

Des changements d'appartenance chaotiques

Là où un enfant qui grandit dans sa famille d'origine franchit progressivement les passages d'une sphère d'appartenance à l'autre par élargissement de sphères emboîtées, se familiarisant avec l'une avant de se confronter à une autre, l'enfant adopté vit des passages désordonnés, souvent brutaux, de sa famille d'origine à un foyer, un ou plusieurs orphelinats, puis à la famille nucléaire française, tout en changeant de quartier, de pays, d'habitudes, de langue... Il ne s'agit pas pour lui d'un passage progressif et accompagné par ses parents, mais d'un méli-mélo rapide de sphères étrangères les unes aux autres, qui ont chacune leurs coutumes, leurs codes, leurs exigences de conformité. Si adaptable, si résilient soit-il (et heureusement il l'est, très souvent), il vit de véritables ruptures.

L'une d'elles est l'arrachement au premier milieu de vie : ce monde de sensations qui entoure un être humain à sa naissance comme n'importe quel autre être vivant. On dit parfois : « Que peut en savoir un bébé adopté très précocement ? » Un bébé ne sait rien, c'est vrai, nous naissons tous à notre insu. Mais dire qu'il ne sait rien n'est pas dire qu'il ne sent rien. Avant même de reconnaître quelque chose, il appartient à une terre, à un climat : il est sensible à des odeurs, des saveurs, une certaine qualité de la chaleur et de la lumière, il reconnaît l'intonation de voix familières, les sonorités d'une langue. À l'arrivée dans sa famille d'adoption, ne risque-t-il pas de vivre un désarroi, une sidération ou une terreur qui peuvent laisser des traces durables ?

La rupture essentielle est la séparation d'avec la mère de naissance. Que peut ressentir un bébé privé de sa mère à la naissance comme le sont chez nous les enfants nés sous X ? Comme l'a montré Donald Winnicott, au début de la vie, il n'y a pas, pour le bébé, sa mère d'une part et lui de l'autre mais un « bébé-mère ». Séparé physiquement de sa mère par l'accouchement, le bébé reste psychiquement dans une fusion avec elle : une « bulle à deux », on pourrait dire un « duel », au sens qu'a ce terme dans la grammaire grecque : une unité de ce qui est deux. Lorsque le nouveau-né a faim, il y a un sein, une odeur familière ; quand il a peur, il y a une voix apaisante qu'il connaissait *in utero* et reconnaît dès la naissance ; quand il a besoin d'être porté, il y a des bras qui sont le prolongement de son corps... Tout cela n'est pas seulement à lui, c'est lui : s'il est une appartenance, au sens premier du terme (être l'élément d'un ensemble), c'est bien celle-là. Et la mère a en elle « quelque chose qui la rend particulièrement adaptée à protéger son enfant dans l'état de vulnérabilité où il se trouve, qui la rend capable de répondre [5] ». On sait que Winnicott appelle cette capacité « la préoccupation maternelle primaire » ; il la décrit comme un amour passionné, à la limite du passionnel (c'est, dit-il, « presque une maladie »). C'est, en tout cas, une des passions les plus

5 Donald Winnicott, *De la pédiatrie à la psychanalyse*, Payot, Paris, 1969, p. 170.

heureuses qu'un être humain puisse connaître. Ainsi, dans la chaleur des bras familiers, la vie commence bien. Et le monde est un lieu où il fait bon vivre…

Et pourtant non, hélas, la vie ne commence pas toujours aussi bien. Séparé de sa mère, le tout-petit est comme amputé d'une part de lui-même. Quand cela dure trop, cela peut aller jusqu'à l'« hospitalisme » : un syndrome décrit par le thérapeute René Spitz, très fréquent à la suite d'une guerre ou quand les jeunes enfants sont hospitalisés pendant de longues périodes. Un même scénario comportemental se met alors en place. L'enfant commence par protester par des pleurs, puis il manifeste son désespoir en se repliant sur lui-même (par des balancements stéréotypés, des autoreniflements) ; enfin, l'indifférence s'installe et l'enfant ne réagit plus aux stimulations. Ultérieurement, il connaîtra des troubles de l'attachement. Sans aller jusqu'à ces extrémités, les bébés prématurés connaissent aussi cette séparation. Des années après, certains auront des migraines, des douleurs abdominales, des troubles de l'attention à l'école ou manifesteront une angoisse à toute séparation et les parents ne feront pas toujours le lien entre ces troubles tardifs et ce qui est arrivé à la naissance.

Des séparations très précoces… Nous hésitons alors entre deux hypothèses pour ce qui est des enfants adoptés très précocement. La première serait celle de Nancy Newton Verrier : elle a remarqué que non seulement la plupart des bébés adoptés pleurent beaucoup mais qu'ils sont, de plus, inconsolables. Quand ils atteignent l'âge de la parole, certains hurlent : « Je veux ma maman ! Je veux ma maman ! » La mère adoptive aurait tendance à répondre : « Tu l'as ta maman, elle est devant toi ! » Réponse inadéquate : c'est une autre maman qui manque à l'enfant. Pour faire comprendre le traumatisme du petit, Nancy Newton Verrier utilise alors la métaphore de l'assiette cassée. Dans le cas du bébé prématuré et placé en couveuse, on casse l'assiette (le bébé est séparé de sa mère) puis on la recolle (l'enfant retrouve sa maman). La solidité est peut-être moins assurée que dans l'assiette originale mais les morceaux s'ajustent bien puisque ce sont les mêmes. Dans le cas de l'adoption, « non seulement, il faut recoller l'assiette mais l'autre moitié est différente, ce qui fait que les pièces ne s'ajustent pas aussi bien [6]. Quelque chose est définitivement cassé. Cette « blessure primitive » entraîne ultérieurement, pour le sujet adopté, un manque d'intégrité, le sentiment qu'une partie de son être a disparu. Certains l'expriment beaucoup plus tard en disant qu'ils sont « vides ». » « Être séparé de sa mère » devient alors « le traumatisme le plus dévastateur de tous ».

Pour Nancy Newton Verrier, il y a, dans tous les cas, un traumatisme réel, vécu par l'enfant lors de l'arrachement à sa mère. Et ce traumatisme est en soi pathogène, même si certains enfants s'en remettent mieux que d'autres. Il y a là la conviction d'un lien originel, essentiel, immédiat, d'origine biologique, que l'on ne peut rompre sans dommage. Cette hypothèse est parfois formulée avec nuance : certains disent, par exemple, que la séparation aurait pu être bien vécue – ou mieux vécue – si elle avait été préparée, verbalisée auprès du bébé, négociée en douceur et si la mère avait pu dire au revoir sereinement à son bébé et lui exprimer son

6 Nancy Newton Verrier, *L'Enfant adopté*, De Boeck Université, Bruxelles, 2004, p. 45.

désir de le savoir heureux ailleurs. Le traumatisme était alors presque évitable, il n'a pas été évité.

Une deuxième hypothèse est formulée par – ou implicite chez – d'autres psychologues. Pour eux, un bébé n'est pas programmé génétiquement pour entrer en relation avec sa seule mère biologique. C'est ce qu'indique Winnicott : « Une mère adoptive ou toute autre femme capable d'être "malade" au sens que nous avons indiqué peut s'adapter suffisamment bien, en raison de sa faculté d'identification au bébé [7]. » Autrement dit, quand les mères adoptives – et pourquoi pas, dès lors, les pères ? – connaissent la « préoccupation maternelle primaire », l'attachement se fait bien de part et d'autre, il est solide. Plus tard, la personne adoptée éprouvera plus que d'autres la peur de l'abandon, elle doutera plus que d'autres de la bonté de l'existence, se demandera souvent ce qui, dans son caractère, vient de ses origines génétiques et ce qui vient de ses parents, mais il n'y aura pas de cassure dans sa personnalité. Les enfants adoptés très précocement échapperaient alors au traumatisme de la séparation. Mais il nous faut reconnaître – à regret, contre notre conviction spontanée – qu'un certain nombre de cas semblent conforter la première hypothèse : apparemment l'adoption précoce ne prémunit pas tous les enfants contre la souffrance de la séparation.

... Ou des ruptures plus tardives. Qu'en est-il de ceux qui arrivent chez nous plus grands, parfois à huit ou neuf ans ? Ils viennent alors d'une communauté (une famille, une rue, un orphelinat) à laquelle ils se sentaient déjà appartenir, ils étaient fondus dans une ambiance

7 Donald Winnicott, *De la pédiatrie à la psychanalyse*, *op. cit.*, p. 173.

familière et ils en ont été arrachés. Le choc est tel que beaucoup d'entre eux, même s'ils sont grands, ne gardent aucun souvenir de leur arrivée en France dans leur nouvelle famille.

La réalisatrice Ounie Lecomte évoque ces enfants-là dans un film poignant, *Une vie toute neuve* (2008). Elle ne cache pas les racines autobiographiques de son œuvre : originaire de Corée, elle a vécu en orphelinat, avant d'être adoptée, à neuf ans, par une famille française. Son film décrit donc la vie d'un orphelinat coréen au milieu des années 1970. Le spectateur est tout du long aux côtés de Jinhee, sa jeune héroïne.

Acte premier : une petite fille rit, lovée dans les bras de son père, serrée contre lui en toute confiance, assise sur le cadre de son vélo. Le vélo file dans la caresse amicale du vent. Acte deux : le père conduit sa fille à l'orphelinat. Les grilles se referment, laissant Jinhee seule face à l'incompréhensible, à l'inacceptable d'un tel abandon. La petite refuse de dormir, de manger, elle ne pense qu'à retrouver ce père qui n'a pu la laisser ainsi. L'acte trois voit l'entrée en scène de Sookhee, une autre petite fille de l'orphelinat qui va l'aider à s'adapter. Sookhee est le strict opposé de Jinhee : elle a intégré le « c'est ainsi » du principe de réalité, elle sait que la réussite de sa vie passe par l'adoption, et fait tout ce qui est en son pouvoir pour que cette dernière se réalise au plus vite et au mieux. Jinhee, elle, reste en attente de son père. On retrouvera ces deux réactions types chez les enfants adoptés, parfois aussi extrêmes, parfois moins : certains enfants acceptent leur adoption, ils font leur deuil, d'autres beaucoup plus difficilement et lentement, d'autres encore pas du tout. Dans le film, les deux petites font une belle paire d'amies ; elles partagent les bêtises, les rites, les jeux de la vie à l'orphelinat. Mais à l'acte quatre, quand Sookhee part avec ses parents adoptifs, Jinhee est acculée au désespoir, ce nouvel « abandon » venant rouvrir la blessure du premier... Dans le dernier plan, on la voit débarquer à Roissy, elle porte les magnifiques vêtements que les Coréens donnent aux enfants à leur départ, pour souligner l'événement fondateur d'une vie nouvelle autant que l'éminente dignité de cette vie ; mais marche-t-elle d'un pas ferme et résolu vers sa « vie toute neuve » ? On peut en douter, c'est le troisième arrachement qu'elle subit. Le film ouvre alors nos yeux sur une réalité que, nous autres, les parents adoptifs, avons tendance à dénier ; partir en adoption, ce n'est pas d'emblée gagner une vie meilleure, c'est perdre une appartenance familière.

Les ruptures d'appartenance affectent alors le sentiment de continuité de soi. Quand on subit un déracinement trop important ou brutal, on perd une bonne part de ses souvenirs. Les enfants venus de l'étranger apprennent très rapidement le français mais perdent presque aussitôt leur langue maternelle, celle dans laquelle ils pourraient évoquer leurs souvenirs, celle qui pourrait le plus facilement faire surgir des souvenirs. Tous les parents par adoption en font le constat. Pour ne pas se sentir coupé en deux, l'enfant se coupe réellement d'une moitié de lui en s'amputant de sa langue (partant, de son passé ?).

Des ruptures successives peuvent également rendre difficile la construction de ce que nous avons appelé plus haut l'ipséité : la capacité à devenir soi, différent de tout autre ; la conviction qu'on peut, comme tel, apporter au monde du neuf, et commencer par soi-même quelque chose de nouveau. Ce que Hannah Arendt appelait être « par droit de naissance » un « commenceur »[8]. Jacques Lévine estimait, pour sa part, que les enfants n'ont pas seulement besoin d'être « complétés » par leur famille mais de se sentir « complétants » : besoin d'ajouter de la valeur à leurs parents, d'apporter un plus, quelque chose d'inédit. Lorsque les enfants adoptés passent de main en main, ils peuvent avoir l'impression que leur existence se réduit à une gigantesque manipulation, qui n'a comme sens que la satisfaction des besoins des adultes autour d'eux. Ils auront alors le sentiment d'être extérieurs à leur vie, surtout si les décisions prises ne leur sont pas expliquées, quel que soit leur âge. Ils peuvent donc acquérir la conviction que le destin est uniquement quelque chose que l'on subit sans y participer en rien. Lorsque l'on constate, chez certains d'entre eux, passivité, difficulté à commencer quelque chose par eux-mêmes, pensée magique que tout s'arrangera sans leur participation, ne peut-on pas faire l'hypothèse que les ruptures d'appartenance ont affecté leur construction identitaire ?

Déchirure puis rapiéçage du tissu vital, tel est le lot de beaucoup d'enfants. Ceux qui sont adoptés bébés ont-ils plus de « chance » que ceux qui le sont plus grands ? On a tendance à le penser. Pourtant, ceux qui arrivent à sept-huit ans ont parfois moins de difficulté à porter leur double appartenance parce que leur maturité leur a permis de comprendre le passage et d'adhérer au choix fait pour eux. Les enfants plus jeunes peuvent peiner à assumer rétrospectivement ce choix et rester prisonniers, dans l'imaginaire, d'un conflit de loyauté entre deux familles et deux milieux d'origine. Mais, qu'ils soient grands ou petits, se pose pour

---

8 Hannah Arendt, *Condition de l'homme moderne*, Pocket, coll. « Agora », Paris, 1994, p. 314.

tous un problème de valeur, qui risque de les poursuivre longtemps.

Des sphères d'appartenance socialement dévalorisées

Nous avons évoqué plus haut le lien entre appartenance et estime de soi, cette étrange manière que nous avons, nous les humains, de nous enrichir de la valeur reconnue à nos sphères d'appartenance et de nous sentir atteints par le discrédit qui les frappe. Lorsque nous ne pouvons pas être fiers de nos premières appartenances, nous en portons le plus souvent la honte ; il est peu de demi-mesures en la matière. Or c'est toujours le regard d'autrui qui menace de ruine la fierté. Un enfant peut être fier de son père cambrioleur qui affronte des dangers et prend des risques pour sa famille, mais il s'effondrera le jour où son père sera emmené, menottes aux mains, sous le regard méprisant du voisinage. La honte est première, antérieure à la conscience morale, irrationnelle, forte du poids de l'opinion publique. Nos enfants sont concernés à plusieurs niveaux :

– leur famille d'origine n'a pas su, pas pu ou pas voulu les garder ; qu'elle soit perçue comme victime ou comme coupable, il est difficile d'en tirer le sentiment d'une valeur personnelle. L'acte d'abandon est souvent blâmé, présenté comme un acte contre nature par nos sociétés occidentales qui ont peu d'enfants, et qui ont de la famille une conception fermée sur le couple et ses enfants. On peut imaginer qu'en d'autres époques ou sous d'autres cieux, le don d'enfant serait connoté de manière moins négative. On peut comprendre la honte d'être l'enfant d'une mère considérée comme indigne, ou décrite comme une victime écrasée par la vie. Pour dépasser la honte, certains de nos adolescents arborent fièrement des comportements prédélinquants : leurs parents sont montrés du doigt comme victimes ou comme coupables, eux relèvent l'honneur du clan en choisissant volontairement, de manière souvent ostentatoire, le camp des vengeurs, de ceux qui font peur aux autres, qui ne craquent pas... En rupture eux aussi avec la morale en vigueur, mais en rupture assumée fièrement ! D'autres, moins portés vers la vengeance ou la déviance, peuvent chercher l'échec, être dépressifs, anorexiques, se scarifier, voire être suicidaires, ou simplement désinvestir l'école où ils réussissaient jusqu'alors ;

– leur pays d'origine est presque toujours perçu chez nous comme un pays de misère, un pays qui ne réussit pas son développement, qui ne peut pas assurer l'avenir de ses propres enfants, un pays dont on parle trop souvent sur un ton de commisération, d'apitoiement. Nous avons recueilli plusieurs témoignages d'enfants venus d'Amérique latine qui, loin de se précipiter pour écouter des musiciens andains dans la rue, les fuient avec gêne et réprobation (« Non, non, ce sont des mendiants ! »). Et il suffit de relire le livre de Barbara Monestié [9] pour comprendre à quel point il peut être insupportable à un enfant adopté de s'entendre dire : « Pauvre petit ! À quelle misère t'avons-nous arraché ! » Attitude qui, au lieu de magnifier ce que l'enfant nous apporte, le renvoie à un cercle d'appartenance dévalorisé ;

---

9 Barbara MONESTIER, *Dis merci ! Tu ne connais pas ta chance d'avoir été adoptée...*, Anne Carrière, Paris, 2005.

– leur apparence physique, très souvent, les désigne à l'attention comme « étrangers », les identifie aux enfants d'immigrés et de demandeurs d'asile, eux-mêmes confrontés à un regard social qui les valorise rarement. En témoigne ce garçon adopté de douze-treize ans, au teint foncé, qui déclare un soir à la table de famille : « Ça va vous paraître bizarre, hein, mais parfois je me sens raciste, je n'aime pas du tout qu'on me dise : "T'es quoi toi ? T'es maghrébin ?" Je n'aime pas qu'on me confonde avec eux. Pourtant, je n'ai rien contre eux, un de mes meilleurs copains est maghrébin, mais... » Français mis en présence du racisme, il en ressent la honte et a du mal à assumer sa solidarité avec des étrangers semblables à lui. Tels ces hommes et femmes arrêtés « par erreur » par la police de Vichy et qui protestaient parce qu'ils n'étaient pas juifs !

D'autres témoignages évoquent des enfants venus de Corée et qui cherchent par différents moyens à blanchir leur peau. Vouloir changer la couleur de sa peau, c'est évidemment avoir honte de ce que l'on est. Dans notre exemple, le geste peut sembler absurde ; la peau des Coréens est le plus souvent blanche, voire très pâle ! On peut alors faire l'hypothèse que c'est le regard social qui a renvoyé ces enfants à une identité étrangère : les « bronzés », les « basanés », ou encore les « jaunes ». Les « jaunes », expression assez méprisante, qui désigne également les traîtres à une communauté... Tout comme grandir en étant noir dans une société blanche est également très difficile.

À l'adolescence, il n'est pas rare qu'un jeune qui semblait très bien intégré et heureux dans sa famille se trouve alors en difficulté pour se construire une identité sociale parce qu'il se sent écartelé entre la culture « blanche », souvent plutôt « bourgeoise » de sa famille adoptive et celle des jeunes immigrés auxquels il se sent assimilé de par son apparence physique et son histoire.

« Traverser la vie avec un billet de quatrième classe ». Le regard social joue ici un rôle fondamental, car c'est lui qui rappelle constamment au jeune son origine. En témoignent certains adolescents adoptés : « Souvent, j'oublie totalement que je suis adopté, je suis avec mes parents et je suis bien avec eux ; mais lorsque je sors avec eux dans la rue et que quelqu'un se retourne pour nous regarder, je me dis : "Ah oui, il est surpris parce que je ne suis pas de la même couleur que papa et maman." » Ou encore : « Dans ma tête et par la culture, je suis complètement français, enraciné ici, bien avec mes parents ; mais le regard des autres m'empêche de le vivre à 100 %, les autres me rappellent en permanence que je ne suis pas d'ici [10]. » Les autres ? Les policiers qui contrôlent trop souvent leur identité en leur demandant d'emblée leur titre de séjour ; les tenanciers de boîtes de nuit qui leur refusent une entrée ; les personnes qui hésitent avant de s'asseoir à côté d'eux dans les transports en commun ; les professeurs qui, au milieu de l'année scolaire, ne savent pas encore distinguer entre eux les Noirs ou les Asiatiques de la classe ; les copains qui montrent quelque réticence à les accepter dans leur groupe de travail ou de loisir ou, simplement, ceux qui les somment de s'expliquer : « D'où tu viens, toi ? »...

Au regard des lois de notre république, les enfants par adoption sont français comme les autres, mais peuvent-ils le vivre ainsi quand le regard de la société leur renvoie que

---

10 Cécile Delannoy, *Au risque de l'adoption, op. cit.*, extraits de l'enquête préalable.

certains sont plus français que d'autres ? Quand il est, à l'évidence, plus facile pour certains de réussir socialement que pour d'autres ? Quand ils assistent en France à une montée de la xénophobie ? Quand s'insinue de plus en plus dans les esprits l'idée qu'il y a deux classes de Français : ceux qui sont nés en France et ceux qui le sont devenus ? Distinction qui pousse bon nombre de jeunes vers la marginalité.

On peut, en effet, faire l'hypothèse que, dans cette période de remaniement de l'image de soi qu'est l'adolescence, le sentiment de non-appartenance pleine et entière à un milieu plutôt aisé et à la France pousse bon nombre d'adolescents vers les « bandes », où se retrouvent et s'identifient les jeunes qui se perçoivent comme marginaux. La bande est à la fois un espace de vie où il est possible – enfin ! – de ressembler aux autres (mêmes codes vestimentaires, mêmes comportements, mêmes rites, même langage, etc.) et un lieu qui banalise les différences d'origine. Ils s'installent, de ce fait, dans un lieu d'appartenance qu'ils vivent comme non raciste, quitte à devenir « racistes » à rebours, contre les bons élèves, les bien intégrés, les « petits bourgeois blancs de bonne famille », les enfants sans problèmes. Ce que les parents vivent comme un flirt plus ou moins poussé avec la délinquance est sans doute vécu par eux comme une expérience d'intégration et comme une revanche contre la honte d'être différents et de se sentir valoir moins que les autres.

S'installe alors une sorte de cercle vicieux ; faute de se sentir appartenir pleinement à la société française, le jeune se réfugie dans sa bande ; ce faisant, il s'éloigne de plus en plus de l'intégration que souhaitaient pour lui ses proches, se fait renvoyer une image de lui comme non intégrable dans la « bonne société » ; ce qui le convainc encore davantage que la bande est le seul lieu où il puisse se sentir bien... Ces jeunes ne sont pas nécessairement hantés par leur origine ou pris dans un conflit de loyauté. Ils ont seulement soif de se sentir membres à part entière d'une collectivité qui les accepte tels qu'ils sont, sans mépris, jugement ou condescendance ; au lieu de se percevoir, selon le mot de David Goodis, « en train de traverser la vie avec un billet de quatrième classe [11] ».

Un adulte adopté nous explique ainsi que, travaillant à l'étranger dans un pays où sa couleur de peau passait inaperçue, il s'était senti plus à l'aise qu'en France, plus audacieux dans sa manière d'entrer en relation avec les gens, d'aborder des entretiens d'embauche, etc., et ce malgré son ignorance des codes de cette société, malgré sa maladresse initiale dans la langue du pays, pour la raison suivante : « Là-bas, je me savais étranger et je pouvais l'assumer sans honte, puisque c'est moi qui avais choisi d'y vivre ; je pouvais répondre à la curiosité des gens sur la France, me sentir fier de me débrouiller pour parler leur langue... En France, je me sais français, je me sens français par toutes mes fibres, par mon passé, par ma culture, par mon intégration familiale... Et pourtant je perçois chez les autres, je percevais quand j'étais adolescent, une espèce de restriction... Pour eux je n'étais pas pleinement français. Et ça, c'est très difficile car alors, où aller pour être vraiment chez soi ? Nulle part [12]. »

---

11 David GOODIS, *La Lune dans le caniveau*, Le Livre de Poche, n° 5753, Paris, 1984, p. 28.

12 Dans le même esprit, voici un autre témoignage recueilli par Cécile Delannoy dans son précédent ouvrage : « Ce qui est frustrant, c'est le sentiment de n'être complètement à sa place nulle part, de n'appartenir à aucune communauté. [...] On aurait besoin de quelque chose qui fasse lien avec l'origine, quelque chose de rassurant, comme le doudou des enfants. Je rencontre des émigrés, entre eux ils parlent leur langue, ils ont gardé leur identité, moi je

L'individualisme libéral de nos sociétés occidentales et l'universalisme républicain cher à la France des droits de l'homme – nous sommes tous égaux, chacun a sa chance et peut réussir – sont bien souvent notre tradition de pensée à nous, parents adoptifs ; mais ils ne nous préparent pas à bien comprendre le poids pour nos enfants de ce désir, si souvent déçu, d'être totalement intégrés au point d'être invisibles, de se fondre dans le groupe. « Au collège, dit l'un d'eux, c'était mieux qu'à l'école, on était plus nombreux, c'était plus anonyme. » Le regard d'autrui, même sans méchanceté, simplement par la curiosité dont il fait preuve, les renvoie à leur origine. Éduquant nos enfants dans la société française, nous voudrions qu'ils soient capables de s'y intégrer sans difficulté, d'oublier couleur et origine et de se tourner vers l'avenir selon notre logique. Certains le font. D'autres vivent une forme de « communautarisme » qui est une fidélité à leur origine et une solidarité instinctive avec une sphère d'appartenance venue du passé, vécue (provisoirement ?) comme indépassable.

Il y en a, d'autre part, qui auraient les moyens de bien réussir scolairement et qui désinvestissent les études à l'adolescence, voire se déscolarisent, au risque de compromettre leur insertion professionnelle [13]. Résistance à la pression familiale par peur de ne pas être à la hauteur ? Opposition

---

n'ai pas d'identité, à l'intérieur je suis creux, creux à l'origine et rempli ensuite de l'extérieur. Je me suis construit sans héritage. Parfois je me dis que ça a aussi des avantages : il y a une certaine liberté dans ce vide… » (Cécile Delannoy, *Au risque de l'adoption*, *op. cit.*, p. 128).

13 Ou au risque de vivre une insertion professionnelle peu en harmonie avec les rêves des parents. Il serait risqué, « politiquement incorrect », de citer des diplômes, des orientations et des métiers, mais chacun sait bien quels métiers les parents choisiraient de préférence pour leurs enfants s'ils pouvaient le faire, et surtout lesquels ils éviteraient.

agressive aux parents ? Sans doute, mais on peut y voir aussi une fidélité à des origines sociales réelles ou supposées (« Dans mon pays, dit l'un d'eux, je ne serais même pas allé à l'école ») ou une identification aux exclus de nos sociétés.

Quand les enfants sont ainsi pris dans des collectivités dévalorisées, doutent de la légitimité de leurs appartenances, se sentent renvoyés à une inquiétante étrangeté, il leur faut une âme bien trempée et une singulière résilience pour défendre leur estime de soi. Comment s'étonner que beaucoup d'entre eux la défendent à coups de poing, dans la rage, dans l'opposition systématique à une société qui prétend défendre les droits de l'homme et l'égalité mais qui, de fait, reste convaincue de la supériorité de l'enfant blanc issu des gènes supérieurs de ses parents blancs et seul héritier de plein droit de la culture européenne !

Une honte d'être adopté ?

Ces enfants appartiennent encore (par définition) à la catégorie des enfants adoptés. Peuvent-ils en être fiers ou en portent-ils inévitablement la honte ? Dans l'enfance, jusque vers douze ou treize ans, le fait d'être adopté est le plus souvent bien accepté et bien vécu, surtout si les parents expriment leur respect pour les parents de naissance et leur fierté d'avoir cet enfant qui est le leur. Il peut même alors arriver que certains éprouvent comme une fierté d'appartenance. Témoin, cet enfant qui réclame dans sa classe qu'on lui souhaite deux fois son anniversaire parce que, dit-il, il en a deux : celui de sa naissance et celui de son arrivée dans sa famille. Non seulement il sera fêté deux fois mais, ce jour-là, tous les enfants de la classe rêvent d'être des adoptés !

Mais ce n'est pas toujours aussi simple ni aussi heureux. Beaucoup d'enfants, qui acceptent bien leur adoption en famille, n'aiment pas être confrontés sur ce point au regard extérieur. Ils redoutent d'avoir à répondre à des questions, à s'expliquer, à rendre des comptes. Ils voudraient être « comme les autres » et sont gênés par une honte diffuse car ils se vivent comme différents.

Ce sentiment s'exacerbe à l'adolescence, quand le jeune prend conscience d'un autre aspect de l'adoption, non pas l'histoire merveilleuse racontée par ses parents mais une histoire tout autre, qui lui fait peur et qui lui répugne. Histoire que A.M. Homes, avec l'humour qui caractérise son style, raconte ainsi : « Tout commence par un coup de téléphone : votre colis est arrivé et il est tout enrubanné de rose. Le pédiatre de confiance est dépêché à l'hôpital pour contrôler la marchandise – songez à ces films où le dealer goûte la came avant de sortir le cash. Il y a inévitablement quelque chose de sordide dans la façon dont l'histoire se déroule. Je fus adoptée, achetée, commandée et récupérée comme un gâteau à la boulangerie [14]. » « Sordide » est un mot qui revient souvent dans les témoignages ; n'être qu'une marchandise, un colis qu'on se passe de main en main est une angoisse et une honte qui accompagnent souvent nos enfants. Il leur faut alors du temps pour joindre entre eux les deux bouts de leur histoire, ils ont été abandonnés, c'est vrai, c'est inévitablement douloureux mais ils ont aussi été désirés, aimés, choyés : l'effrayant et le merveilleux sont là, comme dans bien des cas, les deux faces d'une même médaille.

Cette impression qu'être adopté est honteux est encore renforcée par les idées reçues, les stéréotypes sociaux qui

---

14 Amy Homes, *Le Sens de la famille, op. cit.*, p. 28.

entourent l'adoption, stéréotypes que les enfants sont conduits à plus ou moins intérioriser... Des préjugés défavorables entourent aujourd'hui l'adoption internationale, liée dès l'origine aux relations inégales entre pays du Nord et du Sud : elle représenterait un nouveau moyen d'exploiter la misère du monde. Médias aidant, la suspicion s'étend alors bien au-delà du périmètre réellement concerné, celui du trafic d'enfants, des mères poussées à l'abandon par la proposition d'une transaction financière, ou encore des adoptions peu respectueuses du droit par certaines célébrités. On cesse alors de voir l'adoption internationale pour ce qu'elle est – une chance malgré tout, un moindre mal pour les enfants en l'absence d'adoption sur place, une chance pour les parents aussi – et on pousse ces enfants à croire qu'ils ont été achetés ou volés à leurs parents d'origine. Ce qui peut expliquer en partie leur agressivité ou leur violence : s'ils se perçoivent non comme des sujets mais comme des marchandises, ils sont en grand danger de traiter ceux qui les entourent non comme des personnes à respecter mais comme des objets dont ils peuvent disposer à leur guise.

On dit aussi : « On adopte quand on ne peut pas avoir d'enfant. » On oublie alors que ce n'est pas toujours vrai, d'assez nombreuses familles comptent aussi des enfants « faits maison », arrivés avant ou après leurs adoptés. Mais c'est vrai aussi, bien souvent. Beaucoup de parents adoptent en raison de leur stérilité. Même s'ils la vivent bien (ce qui n'est pas toujours le cas), le voisinage ne manque pas de le rappeler sur un ton apitoyé : « Vous avez adopté ? Vous ne pouviez pas avoir d'enfants [15] ? », ce qui renvoie aux enfants

15 Comme on ne peut pas éviter d'affronter cette réflexion devant nos enfants un jour ou l'autre, autant préparer d'avance la réplique, par exemple : « Mais

une image de leurs parents comme inférieurs à ceux qui sont capables de procréer et surtout d'eux-mêmes comme « ersatz » ou pis-aller.

Lorsque les parents adoptent en présence d'enfants nés de leur couple, l'entourage renvoie cette fois aux enfants une image très positive de leurs parents : « C'est bien ce que vous faites ! » Ils sont vécus comme à la fois capables de procréer et comme généreux. L'enfant est alors appelé à s'insérer dans une lignée valeureuse et peut le vivre bien. Mais souvent l'admiration pour les parents s'accompagne d'une attitude compassionnelle facilement perçue comme méprisante par l'enfant : ses parents avaient de vrais enfants bien à eux, ils sont allés chercher un pauvre malheureux quelque part, comme c'est beau ! D'autre part, l'attente de tous est alors que l'enfant réussisse aussi bien (socialement, scolairement) que ses frères et sœurs, ce qui crée une pression difficile à vivre pour lui et une vraie souffrance s'il n'y parvient pas.

On dit encore : « On ne peut aimer un enfant adopté comme son propre enfant. » Tous les parents adoptifs sont bien persuadés que c'est faux : enfants adoptés ou enfants de leur sang, en matière d'amour, ça ne fait pas de différence ! Mais peut-il en aller de même pour nos enfants quand ils entendent cette réflexion ? Surtout quand, à l'adolescence, nous tombons, comme tous les parents, de notre piédestal et qu'ils doutent de la qualité de l'amour qui leur est porté ?

---

si, je pouvais en avoir ! La preuve, j'en ai, ils sont devant vous ! Et ils sont beaux, n'est-ce pas ? »

On leur suggère parfois : « Dis merci ! Tu ne connais pas ta chance d'être adopté [16] ! » Une chance ? On peut quand même en douter ! Qui choisirait d'être abandonné ? Une gratitude à avoir, à montrer ? C'est transformer les parents adoptifs en bienfaiteurs quand ils ne cherchent qu'à satisfaire le désir légitime et partagé par beaucoup d'avoir des enfants. C'est oublier la tendance qu'ont tous les humains à « en vouloir à ceux qui leur font du bien [17] ». On ne demande pas cette gratitude aux autres : on considère que le simple fait qu'ils existent paie largement les parents pour leurs efforts. On enferme alors les nôtres dans une dette imaginaire qu'ils auront tendance à surévaluer. Toute dette rend inférieur et, quand on ne peut l'apurer, elle entraîne une haine à l'égard du donateur. On peut donc imaginer les ravages que produit cette réflexion.

On leur demande encore assez souvent : « Est-ce que tu connais tes vrais parents ? » Réalise-t-on qu'on leur suggère alors que les parents avec qui ils grandissent ne sont pas des parents aussi légitimes que les autres ? On les renvoie ainsi à une situation périlleuse : ils ont à la maison, de « faux-vrais parents » ; « vrais » pour eux, ce sont les seuls qu'ils connaissent, ceux qui les accompagnent et les aiment au quotidien ; un peu « faux » pourtant, puisqu'on le leur dit. Et ils ont ailleurs (personne ne sait où) les « vrais » parents, mais ces derniers sont aussi pour eux, des « faux », au sens où l'on parle d'un « faux frère » ou d'un « faux ami » : ils ne sont pas là, ils ont abandonné, trahi, déserté... Il y a alors de quoi se sentir

---

16 C'est le titre donné par Barbara Monestier au livre dans lequel elle raconte sa vie de jeune adoptée : Barbara Monestier, *Dis merci ! Tu ne connais pas ta chance d'avoir été adoptée..., op. cit.*

17 Gabrielle Rubin, *Pourquoi on en veut aux gens qui nous font du bien*, Payot, coll. « Petite Bibliothèque », Paris, 2006.

l'enfant de personne ou se sentir n'appartenir vraiment à nulle part. Et il leur faudrait beaucoup de courage ou des facultés de penser au-dessus de leur âge pour répondre : « J'ai quatre parents, aucun n'est faux, les premiers m'ont transmis leurs dons, ils sont nombreux ; les deux autres m'aiment comme des vrais, viens vérifier si tu veux ! »

Pour un certain regard social, les familles adoptives ne sont donc pas des familles comme les autres ou, pour le dire de façon plus abrupte, les enfants adoptés ont moins de valeur que les autres. On nous objectera sans doute que tout le monde n'est pas si stupide ou si méchant, que les stéréotypes que nous évoquons sont aujourd'hui dépassés, et on aura en partie raison ! Mais cela nous conduirait à évoquer le stéréotype inverse : celui qui consiste à renvoyer à nos enfants l'idée qu'ils sont des enfants « comme les autres ». Or nous avons acquis la conviction que ce n'est pas entièrement possible : être adopté n'est ni un plus ni un moins mais cela crée tout de même une situation et une difficulté spécifiques. Tout ce que nous écrivons cherche à mieux comprendre cette spécificité. Renvoyer à nos enfants l'idée qu'ils sont « comme les autres » part certainement d'une foncière bienveillance et d'une vraie délicatesse à leur égard, mais cela ne les aide pas. Ce stéréotype plus actuel et plus sympathique que les précédents revient à nier leurs moments de souffrance ; souffrance qu'on reconnaît plus facilement, nous semble-t-il, en cas de divorce ou pour les « jeunes des banlieues ». Une souffrance a d'abord besoin d'être reconnue. Rien de pire, quand on souffre, que de s'entendre suggérer que ce n'est pas pour un bon motif ! Sommés de marcher du même pas et à la même vitesse que ceux dont la situation psychologique, familiale ou sociale est plus facile, les jeunes adoptés ont alors honte de leurs doutes, de leurs révoltes, de leurs colères, de leurs difficultés scolaires ou de leurs déviances. Non seulement ils ont honte mais ils en sont rendus coupables, alors qu'il faudrait d'abord et surtout les comprendre, ce qui ne signifie pas bien sûr tout accepter et tout excuser.

Nier toute différence, cela revient aussi à annuler leur passé, qui est une part de leur identité. Souligner la différence au risque de les renvoyer à une inquiétante étrangeté, ou nier la différence en tirant un trait sur leur passé : comment éviter Charybde sans tomber dans Scylla, comment choisir ce qui est pertinent à tel moment de leur itinéraire intérieur, car leurs besoins sont mouvants et contradictoires, variables d'un moment de leur vie à un autre ?

La famille adoptive : un risque de « mésappartenance »

Il est des enfants qui nidifient presque naturellement dans leur famille. Enfants adoptés tout nourrissons, sans souvenir et quasi sans changement de mains, que l'idée d'abandon travaillera peut-être ensuite mais qui sont ancrés solidement dès le berceau dans leur nouvelle famille ; mais aussi, fait plus surprenant, des enfants déjà grands qui semblent s'emboîter dans leurs nouveaux parents comme les morceaux d'un puzzle. Ce que les parents leur offrent répond d'emblée à leur attente, leurs besoins, et ce qu'ils apportent comble le désir des parents. Parmi eux, il en est qui ne se poseront pratiquement jamais la question d'une autre appartenance : enracinés dans leur nouvelle famille, ils y ont trouvé stabilité et sécurité, ils se tournent vers l'avenir avec, sur eux-mêmes, presque le même regard que les enfants conçus par leurs parents. Mais beaucoup d'entre eux, au passé plus tourmenté ou moins spontanément doués pour le bonheur ou encore victimes d'un apparentement moins heureux, ne parviennent pas à vivre aussi naturellement l'appartenance à leur famille.

L'âge d'arrivée de l'enfant dans la famille n'est donc pas un facteur déterminant pour une bonne appartenance. Cependant il est difficile de ne faire aucune distinction en fonction de l'âge.

Des adoptions précoces... Lorsqu'un enfant est adopté encore au berceau, avant ses sept ou huit mois, avant cet âge où l'enfant manifeste par sa peur des visages étrangers qu'il a désormais élu sa ou ses figures d'attachement, ne peut-on penser que sa situation est analogue à celle d'un enfant « fait maison » ? Il est possible, il est probable, pourtant, qu'elle ne l'est pas.

D'abord, en raison de la séparation d'avec la mère de naissance, même s'il est clair que l'enfant n'en peut garder aucun souvenir conscient. Car le bébé est présent à cet abandon, il le vit, et si cela ne laisse pas de trace en termes d'estime de soi, cela peut générer des sentiments d'insécurité, d'anxiété, une difficulté à faire confiance, une peur d'un nouvel abandon.

À cela, s'ajoutera très tôt le poids des mots mis par son entourage sur son statut d'enfant abandonné et adopté, d'enfant qui n'est pas né dans le ventre de maman... Statut qui va hanter l'imaginaire de l'enfant, fragiliser le lien dans la perception qu'il en a, donc donner naissance à des émotions et à des réactions.

On peut percevoir schématiquement deux manières opposées de réagir à cette situation initiale. Certains manifestent très tôt de la colère, de l'agressivité, dirigée, le plus souvent, contre la mère adoptive. Ils ont du mal à accepter les contraintes et les limites, restent dans le pulsionnel, dépassent difficilement le principe de plaisir. En un mot, ils font très vite difficulté. Par peur d'être rejetés, ils rejettent plus ou moins ce que voudrait leur apporter leur famille. D'autres, à l'inverse, sont des enfants faciles, trop faciles : ils sont sages et dociles, ne font ni colères ni caprices et se plient à la perfection à toutes les exigences. La peur de l'abandon se traduit chez eux par un désir de perfection, une grande susceptibilité, une difficulté à accepter les échecs et les critiques, une peur de décevoir.

Une institutrice de maternelle décrit avec beaucoup de finesse ces deux attitudes : « Les enfants adoptifs présentent deux comportements types très contrastés ; certains sont très sages, trop sages, avec un souci scrupuleux d'être conformes, de faire ce qu'on attend d'eux [...], des enfants modèles. [...] À l'autre extrême, il y a des enfants du type décrit par le psychanalyste Francis Imbert sous le nom d'« enfants bolides » : narcissiques, cherchant en permanence à attirer l'attention d'autrui, quasi incapables d'accepter une limite, un interdit, une consigne, incapables de rester immobiles, dans un tourbillon permanent. [...] Pour me résumer, et sans que ce soit vraiment dramatique, je dirais que les enfants adoptés sont faciles à identifier : ils sont "trop" ! Trop sages ou au contraire trop pulsionnels [18]. »

---

18 Cécile Delannoy, *Au risque de l'adoption*, *op. cit.*, p. 71.

Nous pouvons aussi le dire en référence à la théorie de l'attachement : les uns refusent de se laisser aller à faire confiance à leurs parents et revendiquent d'être leurs propres maîtres, de veiller eux-mêmes à leur sécurité ; les autres attendent tout de leurs parents mais gardent au cœur la peur d'en être un jour rejetés. Toujours dans le désir de l'autre, ils n'ont guère de désirs qui leur soient propres ; ce qui présente un danger d'assujettissement, d'étouffement de l'ipséité naissante.

C'est cette soumission au désir de sa mère que décrit l'écrivain Charles Juliet, adopté à trois mois, dans le portrait qu'il trace de lui-même quand il était enfant. À la suite d'une banale dispute avec sa maman, il a alors dix ans, il prend les résolutions suivantes : « Tu ne dois jamais tenir tête à la maman. Tu ne dois jamais la contrarier. Tu ne dois jamais lui faire de peine [19]. » On peut aisément relier ce passage à l'angoisse de l'abandon, angoisse qui affleure à la conscience de l'enfant dans cet autre extrait : « Une peur dévorante t'habite. La peur qu'un jour, à ton retour de l'école, tu trouves la maison vide et que ta mère soit partie, t'ait abandonné [20]. » Et de fait, un jour, au retour de l'école, le petit trouve la maison vide. Il cherche sa mère partout avant de la découvrir au fond du jardin. On peut imaginer que la scène ne dure guère plus de quelques minutes et pourtant, il est « totalement affolé » et il faudra à la mère « un long moment pour le calmer et l'amener à dire ce qui l'avait à ce point alarmé [21] ». Il nous semble, ici, que beaucoup de parents adoptifs et de jeunes adoptés se reconnaîtront !

---

19 Charles JULIET, *Lambeaux*, Gallimard, coll. « Folio-Plus », Paris, 2005, p. 77.
20 *Ibid.*, p. 77.
21 *Ibid.*, p. 71.

Cette insécurité – avec la soumission spontanée, le besoin de séduire qui en résultent – n'est pas sans conséquences pour la suite. Si l'enfant déjà si attachant a, de surcroît, de très bonnes capacités intellectuelles, les parents et les professeurs ne voient que ce côté très doué, ils pensent alors bien faire en l'exploitant au maximum. Se met alors en place ce que Jean-François Chicoine et ses collaborateurs [22] appellent le « syndrome du faux 747 » : « L'enfant a un extérieur solide de gros porteur, une carlingue d'avion 747. » Mais il est, à l'intérieur, ravagé par la peur de décevoir : « Sous cet extérieur très performant se cachent deux petits moteurs de Cessna. » Comprenons : il est plus anxieux et plus immature qu'un autre enfant du même âge. À l'adolescence, moins dans l'envie de nous faire plaisir ou désespérant de satisfaire nos exigences – ou ce qu'ils pensent que nous exigeons d'eux –, ces enfants-là peuvent renoncer tout à fait et c'est la phobie scolaire ou le refus de toute activité qui sont alors au rendez-vous... Que parents et professeurs peuvent prendre pour de la paresse et de la mauvaise volonté.

Une trop grande sujétion exige, par ailleurs, tôt ou tard, une libération qui peut se faire de façon agressive, voire fracassante et haineuse. Enfin, l'appartenance-fusion joue aux dépens de la construction de l'ipséité : ces jeunes ont du mal à identifier leurs désirs, ils sont en panne de projets, peinent à faire des choix ou à s'y tenir. Il leur faudra des années pour construire une identité bien à eux.

Ceux qui sont, dans l'enfance, plus difficiles, plus agressifs, plus rebelles, s'ils ne vont pas jusqu'à la

---

22 Jean-François Chicoine, Patricia Germain et Johanne Lemieux, *L'Enfant adopté dans le monde, op. cit.*, p. 421.

désaffiliation (quitter la maison prématurément, rompre au moins pour un temps avec leur famille) ou ne développent pas une tendance antisociale, se trouveront peut-être plus facilement. Ils ont su se défendre ! Mais les autres auront développé dès l'enfance, de belles capacités de sensibilité, d'affection et d'empathie, et suscité autour d'eux des amitiés durables.

Mais, dans les deux cas, il y a une souffrance liée à leur situation initiale. Si personne n'a dit aux parents l'importance de reconnaître avec des mots cette souffrance, l'enfant peut laisser cette part de lui à l'état embryonnaire. À l'adolescence, quand il y a une vraie prise de conscience de l'abandon, cette part refoulée risque de resurgir avec des sentiments de mésestime de soi, de mélancolie et d'étrangeté. La personnalité se clive alors entre un moi social plus ou moins gai et adapté, et une partie secrète, noire, fragile et honteuse. Certains disent alors se sentir un peu schizophrènes, ce qu'ils ne sont pas, bien sûr, mais cette impression peut aisément se comprendre. Il peut y avoir alors aussi une fuite de toute pensée sur soi. « Je ne sais pas », répond l'ado à toute question des parents ou du psychologue, rendant le dialogue ou le soin bien difficile. Penser à soi et à son histoire, c'est s'approcher de cette zone noire ; il est plus prudent d'y renoncer ! On le voit, même être adopté précocement, même être adopté par des parents attentifs, c'est courir le risque de se construire avec difficulté.

... et des adoptions plus tardives. Quand ils arrivent de l'étranger et sont un peu plus grands, les enfants peuvent-ils se sentir valorisés d'être entrés par l'adoption dans des familles blanches, franco-françaises, stables et intégrées (le plus souvent...) ? Ce n'est heureusement pas exclu, et certains le sont, à l'évidence ! Mais ce n'est cependant pas si simple. Tout d'abord, et quoi qu'il puisse en coûter à notre propre image du moi, force est de reconnaître que notre famille ne leur renvoie pas nécessairement une image valorisante. Ils peuvent en effet être accueillis par des parents assez âgés, aux coutumes et aux rites déroutants à leurs yeux, moins fortunés et plus exigeants qu'ils ne le rêvaient, coincés parfois dans des habitudes de vie à deux et repliés sur la famille nucléaire, alors que certains enfants ont connu une grande liberté de circulation dans leur pays, ont vécu intégrés dans un groupe ; et les voilà enfermés dans une maison ou un appartement dans un face-à-face permanent parents-enfant... La déception n'est pas rare, qui renforce chez l'enfant le sentiment qu'il n'a décidément pas de chance dans la vie !

Ajoutons que beaucoup de ces parents ont adopté en raison de leur stérilité, vécue comme une souffrance et une infériorité, avec un sentiment de manque. Ils adressent alors à leurs enfants une énorme demande affective, et peuvent, même inconsciemment, laisser percer une certaine déception si l'enfant ne répond pas rapidement à leur attente. Percevoir de la déception ne peut que faire surgir la peur d'un nouvel abandon, en même temps que mettre à mal l'image de soi de l'enfant.

Appartenance adoptive et ressemblances

L'appartenance à leur famille pose de surcroît à tous nos enfants un problème de ressemblance. L'un des premiers désirs des êtres humains, et singulièrement des enfants prépubères, est, en effet, pour se faire accepter dans le groupe, d'être conformes, de se fondre dans le collectif en étant le plus possible semblables aux autres, dans le respect des mots de la tribu, des signes de connivence, des codes vestimentaires... Or l'enfant adopté ne ressemble à personne, ni à ses parents ni à ses camarades d'école dont il ne parle pas encore la langue si on le scolarise très vite. S'assimiler n'est alors pas facile : dans assimiler, il y a « *simili* », qui veut dire semblable en latin : un défi et une gageure quand l'apparence physique renvoie à la différence [23].

Lorsqu'à l'adolescence le jeune devient extrêmement sensible au regard que les autres portent sur lui, ce sentiment de « ne pas appartenir » au même groupe que ses camarades, d'avoir été greffé de l'extérieur dans une famille française risque de constituer une souffrance, à tout le moins une gêne diffuse, et une difficulté à définir sa propre identité. « Qui suis-je vraiment ? » se demande-t-il alors.

La situation peut sembler plus facile pour les enfants issus de l'adoption nationale. Pourtant, eux non plus ne ressemblent pas physiquement à leurs parents, et surtout, leur parcours de vie les en distingue de manière radicale. Un pupille a le plus souvent été retiré à sa famille biologique parce que les conditions dans lesquelles il vivait ne pouvaient pas lui permettre un développement satisfaisant : le décalage qu'il vit est important et il lui est difficile d'accepter son nouvel environnement sans renier l'ancien... C'est sans doute dans cette situation que le conflit de loyauté est le plus important.

---

23 « Quand on est le seul de sa famille à être d'un certain modèle (couleur de peau, niveau d'études, etc.), on reste toujours en doute de son appartenance familiale », disait en substance l'ethnopsychiatre Sandrine Dekens dans une formation à EFA (Enfance et Familles d'Adoption).

Dans une famille « ordinaire », les enfants ne sont ni des clones ni des doubles des parents mais, malgré tout, une famille, ce sont des gens qui se ressemblent : les mêmes traits, les mêmes gestes, le même physique, peut-être aussi des similitudes de caractère, de dispositions, de goûts. Nos enfants peuvent alors se sentir écartelés entre les modèles offerts par la famille et ce qu'ils se sentent être au plus profond.

Ce refus de se conformer au modèle familial ou au projet des parents peut surgir aussi chez les enfants « faits maison ». Il entraîne également conflits et souffrances de part et d'autre. Il semble toutefois plus facile à assumer pour ces derniers : se différencier sur fond de ressemblance « biologique » représente une moindre menace de désappartenance. Et les parents (sauf possessivité pathologique de leur part) attendent de l'enfant qu'il s'autonomise en se différenciant, ou s'y résignent, s'y habituent peu à peu. « Appartenir » lui a été donné à la naissance, « se différencier » est sa conquête propre depuis toujours. L'enfant adopté, en revanche, se sent convié depuis son arrivée à tout faire pour s'intégrer dans sa nouvelle famille, à ressembler pour ne pas être rejeté. Lorsque enfin, à l'adolescence, il éprouve le besoin de se différencier – ce qui est la caractéristique même de toute adolescence –, il lui faut opérer brutalement un virage à 180° : « J'ai d'abord cherché à vous ressembler, de toutes mes forces, et maintenant je sens qu'il me faut me démarquer ». Lorsque l'écart est trop grand entre ce qu'il se sent être et ce que ses parents souhaitent qu'il soit, comment pourrait-il devenir soi sans souffrance, sans cassure brutale, sans violence intérieure projetée au dehors ? Et s'il est cependant attaché à ses parents, il redoute que la fidélité à lui-même l'accule à risquer de casser le lien qu'il a tissé avec eux.

Il y a donc quelque chose qui rend difficile la construction de l'identité. Il manque le miroir tendu par l'autre soi-même, le semblable. On devient en effet soi-même, le plus souvent, en s'inscrivant dans le lignage, en se replaçant dans l'histoire familiale, en s'identifiant aux parents, grands-parents, frères et sœurs puis en se différenciant pour suivre les chemins nouveaux qui nous sont propres. Mais pour « se différencier de » ne faut-il pas d'abord « s'être identifié à » et pour pleinement « s'identifier à » se sentir profondément semblable ?

Il se pourrait donc que tous les jeunes adoptés ressentent, à certains moments, un sentiment d'étrangeté, de radicale altérité, de « ne pouvoir être compris » et une certaine insécurité. Or s'adapter aux inévitables changements qui sont le propre de toute existence demande avant tout un sentiment fort de sécurité intérieure.

En chemin vers d'autres appartenances : des séparations difficiles

Dans de nombreuses familles adoptives, après une enfance perçue comme heureuse par les parents, où le nouveau venu semble avoir bien trouvé sa place, les changements de statut, les séparations d'avec le monde familier se mettent à faire difficulté. Comme si la séparation réactivait la ou les cassures antérieures. La cassure semblait réparée mais la fêlure était toujours là, invisible mais bien présente, et le changement provoque l'explosion, réveillant l'angoisse d'abandon.

Pour certains, c'est l'entrée au collège qui est vécue comme catastrophique : l'enfant est méconnaissable et révèle une facette inconnue de sa personnalité. Cela va alors bien au-delà de ce que donne à vivre habituellement le début de la puberté. Certes, l'entrée au collège est un défi à relever pour tous, une déstabilisation avec perte des copains, perte du cadre de vie de l'école, perte des maîtres connus et qui connaissent bien chaque élève... Mais, pour beaucoup d'enfants, il s'agit aussi d'un plaisir, d'une promotion, d'une entrée initiatique dans le monde des grands, et ceci compense cela. Pour une proportion assez importante des enfants adoptés, l'angoisse liée à la perte des repères l'emporte de beaucoup sur le plaisir de devenir un grand. L'émotion ressentie peut faire penser à un crustacé qu'on expulserait de sa carapace : l'enfant a « fait son trou », a trouvé son enveloppe protectrice, ça lui a pris quelques années, et quand il commence à s'y trouver à l'aise, il en est expulsé !

Une crise analogue peut se produire en fin de troisième : malaise, perte de l'investissement scolaire, recherche de bandes... Il n'est pas rare que l'entrée en apprentissage constitue alors pour le jeune le moyen de reprendre pied. Le contact personnel avec un adulte solidement implanté dans une réalité professionnelle semble avoir un effet de réassurance et de valorisation. Entrer rapidement dans la vie professionnelle serait se protéger contre les angoisses de la compétition scolaire, de l'orientation menaçante, des sphères d'appartenance trop souvent bouleversées ; le patron ou le compagnon qui initie le jeune à un métier lui offre un support d'identification qui le dote d'une identité stable, définie, rassurante.

Plus surprenant est le cas des jeunes qui, après une sage adolescence jusqu'au baccalauréat et permis de conduire, craquent autour de leurs dix-huit ans, au moment où ils devraient prendre leur envol, entamer une formation professionnelle ou entrer dans l'enseignement supérieur. Ils ne réussissent pas à quitter le milieu familial. Ils en auraient pourtant le désir, s'y sentent plus ou moins mal à l'aise, peuvent même parfois y exercer une certaine violence, mais échouent néanmoins à le quitter vraiment pour prendre leur autonomie. Ils ont appris à faire confiance à leurs parents et à leur fratrie, mais cette confiance ne s'étend ni à eux-mêmes ni au milieu extérieur. Sortir de leur « base de sécurité » est pour eux prématuré, le monde reste perçu comme menaçant, dangereux. Faute d'une sécurité intérieure suffisante, ils n'ont pas acquis la capacité à être seuls, reliés intérieurement mais autonomes, une étape n'a pas été franchie. Le travail d'apprivoisement du monde, c'est-à-dire le passage d'une sphère d'appartenance étroite à des sphères plus larges, n'a sans doute pas été suffisant.

Appartenir à une famille, appartenir à un lignage

Le sentiment d'appartenance, en effet, ne se limite pas à la filiation au sein de la famille nucléaire. Filiation : réalité à la fois biologique, juridique et psychoaffective, dit-on, en limitant la définition à la cellule parents-enfants. Appartenir à une famille ne se limite pas à donner des parents à quelqu'un dans son enfance, c'est créer une appartenance définitive, pour la vie entière. Appartenir à une famille, c'est s'ancrer dans un lignage, être greffé sur un arbre généalogique qui pousse ses racines loin dans le passé et que l'on va contribuer à enrichir en lui donnant des descendants, c'est être relié à une vaste tribu d'oncles, de tantes, de cousins, de grands-parents et contribuer à faire passer l'héritage de souvenirs, d'anecdotes et de fiertés familiales à la génération suivante ; c'est encore se sentir lié à des amis de la famille, à un quartier, à une maison d'enfance, à une maison de vacances[24]. La famille élargie, en particulier les grands-parents, est pour beaucoup dans cette intégration, qui donne au jeune un terreau solide et une base pour construire sa vie d'adulte. Les enfants adoptés sont, à cet égard encore, dans une situation spécifique.

Affectivement, nous sommes assurément leurs parents, mais nous ne partageons pas avec eux les mêmes ancêtres. Que, par exemple, à l'école primaire, selon les exigences du programme, on leur demande de faire leur arbre généalogique, on voit resurgir pour eux – surtout s'ils sont arrivés déjà grands – le dilemme de la vraie famille ; il y a eu « greffe » d'une famille sur une autre et l'enfant ne sait plus véritablement de qui il descend ! Il ne s'agit pas seulement pour lui de filiation au sens étroit du terme mais d'une réalité anthropologique, par laquelle un groupe humain identifie les siens comme descendants d'un ancêtre – et non d'un géniteur – commun, et se reconnaît dans un héritage à recevoir et à transmettre. Nous ne sommes pas seulement les enfants de nos parents, mais les continuateurs d'une lignée. Français, tous plus ou moins descendants de Clovis et de Charlemagne, quand bien même il serait démontré que l'un

---

24 C'est ce que nous rappelle avec raison, dans un courriel privé lors de la préparation de cet ouvrage, Beatriz Maurin, adoptée enfant et aujourd'hui mère de famille d'enfants nés au sein du couple ainsi que par adoption.

d'eux était stérile. Et c'est bien pourquoi, alors même qu'affectivement les enfants par adoption sont souvent très attachés à leurs grands-parents, l'inscription dans l'arbre généalogique leur pose problème : il s'agit pour eux, en quelque sorte, de renier leur origine, que pourtant leur physique révèle et que le regard social leur renvoie en miroir.

Lorsque les enfants sont arrivés déjà grands, avec de véritables souvenirs sur lesquels ils posent des mots, la navigation entre les moments heureux en famille, sans arrière-pensée, sans arrière-passé, et les moments où l'histoire de l'enfant reprend ses droits, va presque de soi ; l'attachement initial a pu être plus difficile, mais le problème des appartenances est clairement posé. Pour les enfants adoptés encore bébés, ce peut être à l'occasion de cette demande scolaire qu'il surgit, de manière inattendue ; mais la suppression de cet exercice scolaire n'empêcherait pas la question de se poser tôt ou tard.

C'est en fait toute la question de l'héritage qui se trouve posée ainsi précocement à l'enfant. Être nourri et protégé, être objet d'affection pour ses parents, c'est une chose. Entrer dans la geste d'Astérix et de nos ancêtres les Gaulois (comme on l'enseignait autrefois aux colonies, le rapprochement a son intérêt), c'est lui demander implicitement de se renier, de renoncer à ses origines qui sont une part de son identité.

À ce point de notre réflexion, nous hésitons, nous oscillons entre deux pôles. Est-il possible que certains enfants souffrent de ne se sentir greffés que dans la famille nucléaire, sans attaches suffisantes du côté du lignage dans le passé et dans le présent, pour vivre une pleine appartenance ? Et que d'autres, au contraire, aient comme une overdose d'intégration, souffrent que place ne soit pas faite suffisamment à leur différence, se sentent étouffés, récupérés malgré eux, aliénés au sein de leur famille adoptive ?

Nous avons pu constater chez certains de nos enfants un intérêt pour l'histoire familiale, une prédilection pour les grands-parents, un appétit de réunions familiales vastes, qui nous feraient pencher pour la première hypothèse : la famille nucléaire ne suffit pas, l'enfant a besoin d'appartenir pleinement à la « tribu » qui l'accueille. Quand l'adoption est portée par les seuls parents, quand le clan fait défaut parce qu'il reste sceptique ou parce qu'il n'existe pas, le jeune en souffre. Il aurait besoin de se sentir, selon le mot du juriste Pierre Legendre, « un inestimable objet de transmission » de la part de tous, besoin d'une élection à la vie à la mort de la part de toute une tribu. C'est à nous qu'il incombe de les inscrire dans notre lignage en leur racontant notre enfance, l'histoire de notre famille, ses légendes héroïques et ses anecdotes ridicules, créant ainsi de la connivence et faisant d'eux des « passeurs de mémoire ». Lorsque le pédopsychiatre Pierre Lévy-Soussan affirme que l'adoption plénière, c'est bien le moins que nous puissions offrir à ces enfants-là pour qu'ils se sentent « pleinement » des nôtres, il se situe dans cette logique-là.

Mais nous savons aussi que d'autres psychologues se demandent, avec la même bonne foi, si tous les enfants sont susceptibles de bien vivre leur adoption, si nous n'avons pas tort de faire disparaître leur nom d'origine, si ce faisant nous ne rendons pas difficile pour eux la construction de leur identité propre dans le respect de leur passé. Certains jeunes tireraient-ils alors un meilleur profit d'une adoption simple (ou d'une adoption plénière redéfinie), d'une sorte de parrainage plus à distance, sans trop d'exigence affective de notre part, sans avoir à porter pour la vie entière le poids de notre héritage familial ? Ce n'est sans doute le cas que d'une minorité d'entre eux, probablement parmi ceux qui sont arrivés déjà grands, mais nous croyons que la question mérite d'être posée.

Il nous semble qu'il en est de l'appartenance comme de l'attachement : idéalement, il est souhaitable que l'enfant adopté s'attache de manière totalement sécurisée à sa famille adoptive, souhaitable également qu'il se sente appartenir à la famille élargie, se sente solidement installé dans l'arbre généalogique, porteur du même héritage que ceux de sa génération et en droit comme eux de perpétuer la lignée en transmettant les valeurs familiales... Mais si l'attachement ne parvient pas à se faire, si le jeune reste fidèle à des attachements antérieurs ou résolument méfiant face au lien familial, s'il se perçoit comme étranger dans sa propre famille, y a-t-il un moment où le mieux est l'ennemi du bien, où il faille accepter comme un trait de liberté du jeune son refus de s'attacher, son refus d'appartenir ?

C'est en effet une liberté très précoce qui caractérise la situation des enfants par adoption. Point sur lequel on insiste peu et que nous souhaiterions donc développer.

Une difficile liberté et un vertige identitaire

Du fait de leur position dans l'existence, ces enfants se trouvent avoir très tôt le choix d'assumer tout ou partie de leur héritage : l'héritage génétique, souvent visible dans leur apparence physique, et l'héritage de souvenirs, de rites, de relations et de culture qui est celui de leur famille adoptive. Ils peuvent revendiquer l'un et refuser l'autre :

certains se disent pleinement français et affirment que leur origine leur est assez indifférente, d'autres vivent dans la nostalgie d'un retour et disent parfois que lorsqu'ils ont mis le pied sur leur sol natal ils ont perçu aussitôt que là était leur place pour la vie. D'autres encore assument leur double héritage, se sentent français d'ascendance étrangère et tentent d'en faire une richesse affective et culturelle... Et certains ne parviennent jamais à s'ancrer solidement quelque part, compromettant ainsi lourdement leurs chances d'avenir.

Mais qui, lorsque la vie d'un enfant suit le cours normal, lui demande jamais de choisir son héritage ? L'appartenance première est quelque chose qui s'impose à l'enfant et qui ne fait pas question pour lui. L'enfant « ordinaire » naît dans une famille et dans une société données auxquelles il doit sa survie et son éducation, sa vie en tant qu'être humain, en somme. Ces réalités existent pour lui nécessairement et on ne peut jamais choisir ou vouloir ce qui existe nécessairement. L'enfant adopté, lui, est très tôt dans la possibilité de consentir ou de refuser, il est mis précocement en position de choisir ce qui normalement n'a pas à l'être.

Lorsque ces enfants, dans les deux mois après leur arrivée, « basculent » dans notre langue, souvent de manière extrêmement rapide, en oubliant la leur, ne disent-ils pas implicitement qu'ils ne sont pas mûrs pour une double appartenance ? Qu'ils sont obligés de choisir, qu'ils ne peuvent pas vivre dans un entre-deux ? Tout autre est la situation des enfants bilingues issus d'un couple mixte : pour ceux-là, la double culture est un donné premier, qui a toujours été là. Plus grands, ils s'ouvriront d'autant plus facilement à d'autres cultures.

Le plaisir d'exister dans des appartenances multiples vient en effet avec l'âge. Le choix à faire ne préexiste pas alors à la capacité de choisir. À l'âge adulte, on fait surgir ses appartenances au gré de ses envies ou de ses besoins. On peut alors se sentir, par exemple, libanais d'origine ET vendéen d'adoption, totalement algérien ET totalement français ; ou encore appartenir, en toute aisance et toute richesse, à plusieurs familles : famille d'origine, couple et enfants du couple, belle-famille, noyau amical librement choisi. Mais quand on est petit, on a besoin de moins de richesse et de plus de clarté, besoin d'un seul enracinement solide, comme le montrent les difficultés des enfants dont les parents se séparent et qui parfois se perdent entre leurs deux maisons, leurs familles plurielles car recomposées, ou encore dans de douloureux conflits de loyauté, comme peuvent se perdre nos enfants par adoption.

Alors que les enfants « ordinaires » vivent une nécessité d'appartenance, les adoptés sont donc confrontés très tôt à une difficile liberté. Il en résulte pour eux un sentiment de contingence. La nécessité est, par définition, ce qui ne peut pas ne pas être ; la contingence – son contraire – ce qui aurait pu ne pas être ou ce qui aurait pu être autrement. Il y a pour tout être humain une radicale contingence de l'existence sur laquelle insistent certains philosophes qu'on appelle alors à juste titre des « existentialistes ». Le premier d'entre eux fut certainement Blaise Pascal : « Je m'effraie et m'étonne de me voir ici plutôt que là, car il n'y a point de raison pourquoi ici plutôt que là, pourquoi à présent plutôt qu'alors. Qui m'y a mis [25] ? » Quand un homme s'éveille à la

25 Blaise PASCAL, *Pensées*, fragment 88, Gallimard, coll. « Bibliothèque de la Pléiade », 1976, p. 1112.

conscience et à la pensée, il est déjà là, il ne sait pas pourquoi, il ne l'a pas demandé, il aurait pu être ailleurs, donc être autre. Les philosophes existentialistes ont un mot pour dire cela, « déréliction », qui désigne un sentiment d'être abandonné et privé de tout secours. C'est la traduction, approximative et faute de mieux, du terme allemand *Geworfenheit* : fait d'être jeté dans le monde ; par qui ? Personne ! Pourquoi ? On ne sait pas. Et chacun devra trouver sa manière personnelle de s'y orienter en faisant des projets et en rassemblant ses raisons de vivre.

Cet étonnement d'être là est l'origine de tout questionnement sur soi et, partant, de toute philosophie ; mais dans une vie ordinaire, c'est une prise de conscience qu'on a à l'âge adulte. Or il nous semble évident que le sentiment d'être « jeté là » s'impose très vite à l'enfant abandonné puis adopté. Il comprend très tôt qu'il aurait pu rester dans sa famille d'origine, être adopté par un autre couple d'une autre nationalité ou d'un autre milieu social. Il en résulte, pour lui, comme un vertige identitaire, vertige que décrit très bien un adolescent adopté à trois mois dans une lettre adressée à ses parents : « Je commencerai par une image qui me reste de mon enfance. Assis au bord du vide, les pieds ballants, le corps penché en arrière. J'ai atrocement peur, vertige qui ne me quittera jamais. Et pourtant, un désir d'approcher la mort au plus près me fait avancer la tête jusqu'à atteindre le point d'équilibre. Pourquoi ne me laisserais-je pas aller ainsi ? J'ai dans les dix ans et je me pose la question. Non parce que je suis malheureux. Seulement, le soir, dans mon lit, il arrive qu'un questionnement sans fin me pourchasse inlassablement : « Qui suis-je ? », « Pourquoi est-ce que je suis moi ? » Et, pensant cela, j'étais renvoyé à mon existence : c'était bien moi qui pensais justement... D'où retour à la case départ : « Mais pourquoi ? » Je ne sais pas si vous comprendrez ce que je veux dire, cette spirale infernale qui me donnait le vertige, ce même vertige que j'éprouve assis là, au bord du vide. »

Ne peut-on pas faire l'hypothèse qu'un vertige identitaire de ce type habite bien des adoptés ? « Confrontée à la naissance comme origine, écrit Paul Ricœur, la pensée spéculative ne sait comment choisir entre la contingence de l'événement (j'aurais pu ne pas être ou être un autre) et la nécessité d'exister (c'est parce que je suis là, de manière irrécusable, que je puis questionner). [...] On n'échappe à ce vertige spéculatif qu'en se replaçant soi-même et ses propres parents dans la suite des générations sous le signe du "se reconnaître dans le lignage" [26]. » Mais « se reconnaître dans le lignage », nous l'avons dit, c'est difficile quand on est adopté : le lignage d'origine est inconnu, on ne s'autorise pas toujours à s'inscrire dans le lignage adoptif ou on se sent trop différent pour le faire [27].

La question « qui suis-je ? » peut alors tourner à l'obsession. Dans le meilleur des cas, elle empêchera de dormir ; dans le pire, elle clouera sur place en interdisant d'avancer : quels projets peut-on faire, quelle filière scolaire ou professionnelle peut-on choisir, quels compagnons va-t-on élire, quand on ne sait pas du tout qui on est ?

Il n'est alors pas rare (même si ce n'est pas le plus fréquent) que ces jeunes traversent des années d'errance. Ce

---

26 Paul Ricœur, *Parcours de la reconnaissance*, Stock, Paris, 2004, p. 284.

27 « C'est fou de se dire que ma vie s'est jouée complètement au hasard : j'aurais pu rester dans la rue, j'aurais pu tomber sur des parents allemands, sur d'autres parents français, sur des gens riches de mon pays d'origine, je suis arrivé là, quel sens ça a ? Je suis passé de main en main sans décider de ma vie » (Ronan) (Cécile Delannoy, *Au risque de l'adoption*, *op. cit.*, p. 125).

terme désigne un usage de l'espace et du temps d'où est exclu tout projet à long terme. Concrètement, l'errance peut prendre bien des formes : multiplier les rencontres amoureuses, changer très souvent d'orientation ou de travail, déménager sans cesse, « glander », squatter ici ou là, traîner dans les bars, vadrouiller dans les rues, zoner dans un centre commercial ou le hall d'un immeuble... Le psychanalyste Olivier Douville évoque de manière très juste « ces non-lieux où errent des jeunes marginalisés sur le mode de la fuite, de la rupture, du départ permanent et du refus d'appartenir [28] ». Sur le plan psychologique ou existentiel, l'errance renvoie, pour le même auteur, à une blessure identitaire dans le passé : « Une terreur infantile non entendue, non accueillie, non cicatrisée. » Et on peut comprendre que les jeunes adoptés y soient plus exposés que d'autres, même s'ils ne sont pas les seuls à la connaître, c'est-à-dire plutôt à la subir.

Mais, de manière plus positive, on peut aussi parler d'années où le refus de choisir et la fuite de soi se lient à une recherche de soi, à un effort pour se comprendre dans son histoire. Rétrospectivement, cela pourra même sembler alors de belles années ; s'il arrive à certains de se perdre en route, dans la plupart des cas l'errance se conclut par une intégration réussie ou par le choix d'une vie « alternative » : par exemple, élever des chèvres, faire de l'agriculture biologique ou devenir intermittent du spectacle... En marge d'une société fondée sur le profit, de telles vies sont évidemment des choix valables quand elles correspondent à un désir et à un projet durables.

---

28 Olivier Douville, *De l'Adolescence errante*, Pleins Feux, Nantes, 2007.

Dans l'intervalle, quand la question « qui suis-je ? » se fait trop lancinante, il peut y avoir un refuge dans l'alcool ou la drogue pour colmater provisoirement l'angoisse : « Je me défonçais pour trouver un moyen de faire sortir de ma tête la question de savoir qui j'étais. » Ce n'est pas un adopté qui l'écrit mais un homme qui porte sur lui les couleurs du métissage, qui a connu des appartenances multiples et dévalorisées, qui a longtemps cherché « une place quelque part et une histoire fixe et définitive [29] ». Il n'a pas seulement survécu, il a réussi ; il s'appelle Barack Obama, il est aujourd'hui président des États-Unis ! Et il nous semble que tous nos enfants (point n'est besoin de viser aussi haut : la place est déjà prise !) peuvent voir, dans son exemple, des raisons d'espérer.

---

29 Barack Obama, *Les Rêves de mon père*, Seuil, coll. « Points », Paris, 2004, p. 155.

Excursus

L'appartenance impossible

Au début du précédent chapitre, nous avons posé cette question : existe-t-il pour les enfants par adoption une appartenance vraiment solide, qui ne soit jamais remise en question ? Nous nous proposons ici, brièvement, d'aller plus loin, de poser une question plus dérangeante : se pourrait-il que, dans certains cas, la greffe ne prenne pas du tout et que des enfants se révèlent incapables d'appartenir à une de nos familles ?

Nous avions en principe éliminé cette question au début du livre, en fixant comme cadre les problèmes d'appartenance pour ceux de nos jeunes chez qui nous sentons un mal-être, une souffrance, sans aller jusqu'à parler de troubles de l'attachement. Or il est clair que si certains jeunes échouent à appartenir à une famille, la problématique de l'attachement est présente : les enfants non intégrables ne sont pas d'abord des enfants en mal d'appartenance, mais des enfants qui souffrent de graves troubles de l'attachement, et sans doute plus encore de stress post-traumatiques. Nous faisons cependant le choix d'aborder ce point, même brièvement : si rare que ce soit, cela existe, cela concerne des familles que nous avons rencontrées, et qui le vivent très douloureusement. Il y aurait une sorte de lâcheté intellectuelle à ne pas l'aborder.

Comment peut-on comprendre, tenter d'expliquer, qu'un enfant refuse, rejette, détruise la famille qui s'offre à l'aimer, à l'accompagner dans la vie ?

Construire son identité, émerger comme sujet, nous l'avons dit dans le premier chapitre, ne peut se faire que dans le cadre d'une relation intersubjective : relation à la mère ou relation à un substitut maternel. Nous avons formulé l'hypothèse – qui ne nous est pas propre, qui n'est ni paradoxale ni révolutionnaire, mais qui est difficile à vérifier – que c'est au sein de cette première relation maternante que l'enfant accède en même temps à l'univers du sens, au besoin de chercher et de donner du sens à ce qui l'entoure ET à la reconnaissance de l'autre comme un sujet sensible et pensant, donc à l'univers éthique. Qu'en est-il alors pour ceux de ces enfants, si rares soient-ils, qui ont grandi d'abord dans un environnement dénué de sollicitude pour eux : mères trop accablées par la vie et par leur propre passé pour être disponibles à leur petit, orphelinats sans moyens suffisants en personnel pour donner du temps à chacun, voire orientés vers une utilisation lucrative des enfants (comme objets sexuels dans le pire des cas, comme objets à adopter contre une rémunération qui enrichit la direction de la crèche sans beaucoup profiter aux enfants…) ? Peut-il arriver alors que, de cette carence, voire de cette nocivité des premiers soins, l'enfant ne puisse émerger comme sujet capable d'entrer dans une relation humanisante, trop blessé, trop meurtri, trop mutilé ? Que la blessure soit à jamais inguérissable et crée un sentiment de vide identitaire, une violence intérieure immaîtrisable, une incapacité à se représenter les émotions de l'autre ou à les prendre en compte ?

Une autre piste de compréhension nous est suggérée par le psychanalyste Jacques Lévine. Il n'envisage pas tant une carence initiale dans la très petite enfance qu'un vécu de ruptures, de cassures, trop brutales ou vécues comme telles par l'enfant. Accablé par ces malheurs précoces et menacé d'effondrement psychique, l'enfant se constitue une identité négative, crispée autour d'un projet de vengeance ou d'une image de soi comme victime. Il refuse alors tout ce qui pourrait le rendre heureux, donc aussi d'appartenir à une famille sécurisante et chaleureuse.

Il ne s'agit pas là, de notre part, d'une volonté de noircir le tableau, d'un goût malsain pour des évocations sinistres, mais de questions angoissantes et angoissées nées du témoignage de certains parents ayant adopté des enfants venus d'orphelinats de Roumanie ou de Bulgarie à une époque heureusement à peu près révolue, venus de régions en guerre, en proie à une violence interethnique, ou encore de certaines « crèches » malgaches ou haïtiennes (il en est d'excellentes dans ces pays aussi, mais toutes n'y méritent pas le nom de crèches...). L'enfant traité comme un objet et non comme un sujet peut-il à son tour ne voir dans l'autre humain qu'un objet auquel adresser ses demandes et ses exigences de satisfaction, sans pouvoir jamais entrer dans une relation où l'autre est un sujet partenaire, c'est-à-dire dans une véritable relation de désir humain ?

C'est en tout cas ce qu'expriment quelques parents adoptifs confrontés à une extrême violence d'enfants et d'adolescents que ne semble retenir aucune conscience morale. Habités, semble-t-il, par le seul principe de plaisir,

« La fidélité au traumatisme est fidélité à un système d'appartenance »

À la source d'une identité familiale négative, on trouve « un drame fondateur, un ou plusieurs vécus de cassure des liens fondamentaux. D'où, dans le langage de Winnicott, la peur de l'effondrement (*fear of breakdown*). Effondrement du sentiment de valeur, du sentiment d'inclusion dans la famille, du sentiment de "continuité intérieure". À côté du moi social apparaît une identité familiale non conforme. Son histoire se coupe en deux : une histoire acceptable et une histoire inacceptable. L'idée que les autres ne veulent pas de lui l'envahit. La peur d'être déconsidéré l'amène à montrer que c'est lui qui déconsidère, d'où des attitudes de défi. »

Dans une seconde étape, « pour ne pas se laisser submerger, l'enfant met en place une vie fantasmatique qui correspond à un monde de refuge : projets de vengeance ou crainte de châtiments, fuite dans le fictionnel, l'imaginaire de la toute-puissance magique, ou son corollaire, l'imaginaire du pire, l'installation dans un personnage de victime ("on ne veut pas de moi : il ne me reste plus qu'à mourir", ou encore "on ne veut pas de moi, ils me le paieront cher") ».

Enfin « le cycle de l'installation de l'identité négative n'est pas pour autant terminé. Tout traumatisme comporte une phase qu'on peut appeler fidélité au traumatisme. On veut rejouer la bataille perdue pour tenter quand même de gagner. Au travers de conduites de provocation ou du donner à voir de la tristesse, la personne procède à une sorte d'érotisation de l'identité négative. Au lieu d'être perte de valeur, elle devient une valeur de son identité, un drapeau ».

(Extrait de « Art et Inconscient », conférence de Jacques Lévine à Cahors en 2002. Partant d'un cas clinique emprunté à sa pratique thérapeutique, il analyse et expose ici les étapes qui mènent à la formation d'une identité familiale négative, avant de souligner le rôle de la pratique artistique comme moyen de lutter contre l'identité négative.)

ils réagissent à toute frustration par une décharge agressive et transforment la vie familiale en enfer au quotidien. Les mères, particulièrement menacées, ont parfois peur de se trouver seules face à leur adolescent – garçon ou fille. Certains de ces parents font eux-mêmes l'hypothèse qu'il s'agit d'un passage à l'acte lié à un passé traumatique et déshumanisant, ce qui donne au moins un sens à ces comportements, mais ne règle pas la question de la conduite à tenir. Que faire face à la violence ? Que faire quand la vie familiale devient insupportable pour tous ? Se tourner vers les services sociaux, signer un nouvel abandon ? Sans doute éloigner au moins pour un temps l'enfant de sa famille. Mais que faire alors lorsque le jeune atteint l'âge de la majorité ? Faut-il essayer de le garder pour le protéger de lui-même en annulant sa propre existence, ou chercher encore à l'éloigner, c'est-à-dire à la fois laisser la société faire face au risque que le jeune représente et laisser le jeune faire face au risque d'enfermement par lequel tôt ou tard la société risque de régler le problème ?

La question que nous posons là, nous en avons conscience, dépasse le cadre de l'adoption. Car il ne s'agit probablement pas de « tout ou rien » : il peut y avoir un effet de seuil. En deçà, l'entrée dans l'humanité est presque impossible – ce qui nous renvoie aux expériences de petits humains élevés hors humanité, en milieu animal, et retrouvés plus grands, sans langage et sans sociabilité humaine. Au-delà, lorsque le seuil a été franchi, on trouverait une propension plus ou moins grande à vivre les relations humaines dans l'ouverture à l'autre comme sujet qui mérite le respect, selon qu'on a été plus ou moins investi comme sujet dans la toute petite enfance, selon qu'on s'est constitué – ou non – dès l'origine une identité de sujet humain ouvert à l'autre dans une relation confiante, enveloppante, sécurisante. Ce qu'on a reçu tout enfant conditionne-t-il en partie ce qu'on sera capable de donner ultérieurement ?

Il est possible, probable, que parfois des réactions inadaptées de parents aient pu contribuer à aggraver la situation. Possible que des parents peu informés aient présumé de leurs forces, qu'une autre famille peut-être aurait su, aurait pu... Quoi qu'il en soit, l'état actuel de préparation des parents à l'accueil d'enfants en grande souffrance ne permet pas à certaines adoptions de réparer des débuts de vie trop douloureux. S'il se vérifie que, dans les années à venir, les pays occidentaux sont appelés à accueillir en adoption des enfants dits « à particularités » pour signifier qu'il risque de s'agir de jeunes difficiles, une véritable réflexion et une préparation des parents seront indispensables.

Rares cependant sont les cas de déshumanisation évoqués ci-dessus ; et le pari le plus raisonnable et le plus souvent juste est que la famille adoptive pourra prendre le relais d'une famille d'origine disparue ou défaillante et restaurer chez l'enfant les forces de vie et de croissance que la rupture a provisoirement amoindries.

3

Construire le sentiment d'intégration familiale : identité d'appartenance, d'identification

Nous avons fait l'hypothèse, en commençant ce travail, que notre thème « appartenances et identité » pouvait éclairer un certain nombre de problèmes que rencontrent les jeunes adoptés et leurs familles. Nous aimerions maintenant ne pas en rester au constat des difficultés vécues mais poursuivre par une approche plus positive : comment pouvons-nous aider ces enfants à bâtir leur identité ?

Dans ce chapitre, nous partons d'une idée directrice simple : pour relever le défi de l'adoption, ces enfants ont besoin d'être pleinement intégrés dans des familles solides mais non rigides : solides pour qu'ils s'y sentent en sécurité, mais non rigides, souples, capables de s'adapter, pour être le support de leur identité plurielle, leur permettre de mettre en cohérence un parcours de vie marqué par des ruptures, des discontinuités. Nous nous demanderons donc d'abord comment nous pouvons en tant que parents accompagner nos fils ou nos filles dans l'espace familial.

« Accompagner » : ce terme indique ce que nous devons faire mais aussi la limite de ce que nous pouvons. Il laisse à entendre une forme d'impuissance et d'humilité. Nous ne pouvons ôter à nos enfants leur souffrance ni les réconcilier avec leur histoire. Nous ne pouvons, dans un combat perdu d'avance, résoudre leurs problèmes à leur place, les rendre heureux de force à notre manière. On ne fait jamais le bonheur de quelqu'un malgré lui, on ne façonne pas un enfant comme on fait une œuvre, les enfants ne sont jamais les œuvres des parents.

Une intégration solide dans une famille solide et bienveillante

Une famille adoptive solide est d'abord une famille qui se sait légitime, qui a donc adopté dans des conditions de respect absolu d'une éthique.

Une famille solide, ce sont des adultes qui ont dépassé la souffrance de la stérilité et en partie réglé leurs problèmes psychologiques, relationnels, en particulier ceux qui sont liés à leur propre enfance. Car la présence du jeune adopté va raviver les émotions et les traumatismes de l'enfance de ses parents. Il n'est pas mauvais, au contraire, que les parents aient choisi de se faire aider psychologiquement pour bien assumer les événements de leur passé avant toute démarche d'adoption. Ils auront assez à faire ensuite avec les traces du passé de leur enfant.

Une famille solide, ce sont des adultes heureux certes, ô combien, d'accueillir l'enfant, mais dont la survie et l'équilibre ne dépendent pas exclusivement de son arrivée. Familles ayant fait le deuil de l'enfant « fait maison » (l'enfant adopté ne « remplace » pas, il doit se faire une place à lui, différente parce qu'il est différent), familles ayant d'autres centres d'intérêt, d'autres raisons de vivre, d'autres satisfactions affectives, et qui ne vont pas exercer sur l'enfant une pression excessive pour qu'il manifeste tôt son affection. Pour le dire autrement, la demande affective doit venir de l'enfant – et cela peut prendre du temps –, les besoins prioritaires doivent être ceux de l'enfant. Un enfant ne peut pas se sentir en totale sécurité si les rôles sont inversés, si les parents sont trop dans sa dépendance pour leur bien-être. Un enfant ne tient pas lieu de conjoint dans une vie de célibataire, il n'est pas là pour souder un couple dont la relation s'essouffle.

Une famille solide est une famille qui ne s'effondre pas à la première révolte de l'enfant, à sa première remarque agressive du type « tu n'es pas ma vraie mère », qui y voit d'abord l'expression d'une souffrance ou d'une recherche et qui s'est préparée à y répondre. Martine Paucher [1] fait ainsi observer qu'il est tentant pour un enfant qui ne veut pas obéir – situation banale s'il en est – de dire « tu n'as pas d'ordres à me donner, tu n'es pas mon père », mais que ce déni d'appartenance ne cache souvent rien d'autre qu'une rébellion passagère et commune à tous les enfants. Il s'agit là d'une défense habile, au pire d'un coup de sonde : c'est la fragilité parentale qui transforme l'essai ! Il appartient donc aux parents de rassurer l'enfant en réaffirmant leur autorité légitime, et de se faire obéir en maintenant l'ordre donné. Un adolescent, explique Winnicott, a besoin d'avoir

---

1 Martine PAUCHER, « Filiation adoptive : se dégager de la fascination pour la réalité externe », *in* Isabelle CLUET *et al.*, *L'Enfant dans l'adoption*, Erès, Toulouse, 2006, p. 181.

en face de lui un adulte capable de survivre à sa destructivité d'adolescent ! S'il a le sentiment d'être tout-puissant et de menacer l'équilibre de ses parents, il est en grand danger.

C'est encore une famille entourée de grands-parents, de frères et de sœurs (oncles, tantes, cousins, cousines) et/ou d'amis proches prêts à accueillir l'enfant sans faire de différence de statut avec les autres enfants de l'entourage. Rappelons ici que l'intégration dans la famille élargie est un facteur essentiel à la bonne santé psychique de nos enfants. Elle constitue un modèle d'intégration dans la société tout entière et une base de sécurité intérieure qui prolonge celle qu'offre la famille adoptive.

Une famille souple, non rigide

Par souple, nous voulons dire capable de s'adapter, de faire le tri entre les principes moraux essentiels qu'ils tiennent à transmettre à leur enfant et des habitudes de confort susceptibles d'être remises en cause. L'enfant qui arrive, surtout s'il est déjà grand (plus de deux ou trois ans), aura un immense effort à fournir pour s'adapter à sa nouvelle famille, il change de milieu social, de langue le plus souvent, d'environnement géographique et humain, de culture... Mais il ne peut pas fournir seul tout l'effort : les parents vont devoir eux aussi changer, modifier leurs habitudes quotidiennes, bien sûr, et ils le savent, mais aussi s'ajuster à un enfant qui a déjà une personnalité, un passé, une culture [2].

---

2 Nous connaissons une famille candidate à l'adoption qui s'y est préparée en accueillant deux enfants en vacances pendant un mois d'été. Et qui ne le regrette pas car elle a pu expérimenter à quel point cette épreuve a secoué le couple et exigé de lui un effort d'adaptation et de remise en cause.

Essayons d'en donner quelques exemples. Parents français, nous avons autour de nous des « modèles » observés chez des sœurs et des frères, des principes sur la bonne éducation d'un enfant : il ne dort pas avec ses parents, il ne mange pas avec ses doigts à un certain âge, il se conduit comme un grand, regarde dans les yeux quand on lui parle, etc. Et voilà que l'enfant qui arrive se glisse chaque nuit dans notre lit, a peur de dormir seul, demande un biberon, voire le sein alors qu'il a quatre ans, refuse d'obéir à sa mère... Il vit une régression qui est sa manière de nidifier dans sa nouvelle famille. Il vient d'une culture où le père exerce l'autorité et non la mère, ou d'un milieu dont les hommes étaient absents ; d'un continent où un enfant bien élevé ne regarde pas l'adulte dans les yeux (c'est interdit) ni ne pose de questions. Nous avons cependant le souci de maintenir des principes éducatifs, nous voulons l'intégrer dans la société française et dans notre milieu de vie. Nous allons donc devoir louvoyer constamment, hésiter sur la conduite à tenir, temporiser parfois et tenir bon ailleurs, père et mère auront à négocier entre eux des compromis, n'ayant pas le même sentiment de l'urgence ou de l'importance de certains principes. Tenir le cap en louvoyant, c'est ce que nous appelons être capables de souplesse. Il ne s'agit pas de céder à tout coup : la fermeté des parents, la clarté de leurs demandes, est rassurante pour l'enfant. Il s'agit de bienveillance et de patience, « ici il vaut mieux faire de telle manière », « chez nous on préfère qu'un enfant... », sans manifester un agacement ou une déception qui serait perçu comme un signe de rejet.

Souplesse aussi pour accepter que l'enfant soit un sujet actif au sein de la famille, et pas seulement l'objet de nos soins. Permettre l'initiative, la favoriser, souligner ce qu'ils savent faire mieux que nous, c'est faire un pas de plus. Parce que beaucoup de nos enfants éprouvent le besoin de maîtriser une vie qui leur a échappé à ses débuts, ils ont tout à gagner à être considérés très jeunes comme des acteurs à part entière et comme des interlocuteurs valables. Acteurs, car ils ont besoin de montrer leur valeur. Ils ne peuvent pas trouver de fierté à se vivre comme de « pauvres enfants » que leurs généreux parents ont sauvés de la misère, image que trop volontiers l'environnement social risque de leur renvoyer. Leur confier des responsabilités, leur demander de nous aider dans des moments difficiles, les habituer à se montrer dignes de notre confiance en leur manifestant cette confiance, tout cela leur permet de prendre une place valorisante dans notre famille – on s'attache plus facilement à quelqu'un à qui on a rendu service qu'à celui envers qui on se sent en dette [3]. La fierté de soi rejaillit sur la famille qui en a été l'occasion et facilite donc un sentiment d'appartenance heureuse. Un groupe d'appartenance n'est pas seulement un groupe qui nous apporte quelque chose, mais un groupe dans lequel on est soi aussi actif, « apportant ».

C'est aussi, ce faisant, l'identité de l'enfant qui se construit, l'image qu'il a de lui-même qui se modifie. La création de soi se développe avec la confiance qu'on se fait, l'initiative qu'on a le droit de prendre, l'autre qu'on a été capable d'aider.

Acteurs, donc, de la vie familiale, mais aussi interlocuteurs valables, en particulier à (l'approche de) l'adolescence. Certaines règles de vie familiale instaurées pour le confort de chacun peuvent être négociées, voire renégociées lors

---

3 Ce thème a inspiré à Eugène Labiche une comédie théâtrale jadis célèbre, *Le Voyage de Monsieur Perrichon* (créée en 1860 !).

d'un anniversaire pour symboliser un changement de statut. Prendra-t-on ensemble tous les repas de la semaine à heure fixe ou y aura-t-il des exceptions ? Quel sera le statut de l'argent de poche et quelles dépenses personnelles devra-t-il couvrir ? Qui décide les achats de vêtements ? Combien de temps peut-on passer par jour sur l'ordinateur ? Nombreuses sont les règles qui diffèrent profondément d'une famille à l'autre, et qu'un jeune adopté conteste d'autant mieux qu'il a conscience d'être arrivé dans cette famille par le jeu du hasard... Négocier donc, mais en prenant soin de distinguer rigoureusement le négociable (ce qui relève des habitudes familiales, de ses rites et de son confort) du non-négociable (ne pas s'exposer étourdiment au danger, respecter l'intégrité d'autrui, etc.). Il est d'ailleurs rassurant pour le jeune qu'il existe des règles non négociables, que le parent fasse rempart si nécessaire.

Nous avons pu observer – et cela nous semble riche de signification – que de nombreux enfants adoptés rêvent de devenir les sauveurs des autres... Ce qui est une façon de se réparer eux-mêmes. Prendre en charge quelqu'un de plus fragile et qui dépend de lui permet au jeune de s'identifier à ses parents adoptifs perçus comme responsables, protecteurs, voire sauveurs ! Et par là même de se sentir pleinement intégré à sa famille, héritier et « passeur » des valeurs familiales.

Une famille protectrice, un espace « hors menace[4] »

Ce qui fait la force du sentiment d'appartenance, c'est la dimension protectrice de toute appartenance. Au sein du groupe, l'individu se sent en sécurité parmi des semblables prêts à le défendre contre toute attaque étrangère.

La famille est évidemment ce premier lieu de défense inconditionnelle. Les parents supportent très mal qu'on attaque leur enfant, qu'ils ont spontanément le réflexe de défendre. Ils acceptent que l'on critique un comportement précis à un moment donné, mais lui cherchent habituellement des circonstances atténuantes et refusent avec raison toute généralisation.

C'est parce qu'elle est vécue par l'enfant comme une protection que toute critique sur sa personne venue de sa famille est susceptible de provoquer chez lui une blessure et une révolte d'une grande intensité. Heureusement, l'enfant fait assez vite la différence entre la critique (le redressement) d'un comportement, qui a pour but de l'intégrer davantage aux normes et aux valeurs familiales, et la non-acceptation par ses proches d'un trait de caractère perçu par lui comme constitutif de son identité.

Or, pour les enfants arrivés grands avec des normes de comportement et des valeurs acquises ailleurs, qui peuvent être différentes des nôtres, cette distinction n'est pas facile à faire. Le comportement qu'on réprime peut faire partie

---

4 L'expression « espace hors menace » est de Jacques Lévine, psychanalyste décédé en 2008, à qui nous l'empruntons, ainsi que plusieurs autres analyses de ce livre.

intégrante de sa construction identitaire : on lui demande de se renier, on rejette ce qu'il est, et pas seulement ce qu'il fait. Il ne s'agit plus d'élaguer un arbuste, mais de couper des branches à un arbre déjà constitué.

La fragilité narcissique des enfants par adoption (faible estime de soi en réaction à l'abandon : « On m'a abandonné, signe que je ne valais pas grand-chose ») les rend encore plus sensibles au regard qui est porté sur eux. Tout ce qu'ils peuvent percevoir comme indice qu'ils déçoivent leurs parents réveille chez eux une peur de l'abandon (consciente ? inconsciente ? certains en ont tout à fait conscience...) et constitue un frein à une véritable intégration dans le groupe familial : l'enfant s'adapte, certes, mais ne se laisse pas aller ; il garde sa vigilance, voire sa méfiance.

La difficulté tient donc à la nécessité de concilier travail éducatif et attention à la fragilité narcissique de l'enfant. Cela peut exiger des parents une attention particulière à la manière de formuler leurs observations ou remontrances : exprimer ce qu'on souhaite obtenir, critiquer des comportements précis et formuler ses émotions – y compris la colère – en tant que nos propres émotions, et non comme des jugements [5].

A fortiori, toute expression de déception par rapport à une attente, celle d'un enfant parfait ou d'un enfant reconnaissant, toute menace de rejet (« si j'avais su, je ne serais pas allé te chercher », « si tu continues, je te ramène dans ton pays », phrases réellement prononcées par des parents sous le coup de l'exaspération) réintroduisent le danger au sein de l'espace qui devrait être protecteur.

---

5 Les formateurs en médiation et en communication non violente peuvent avoir sur ce point des choses à nous apprendre.

Que faire, alors, lorsque l'enfant est critiqué à l'extérieur de la famille pour un comportement répréhensible ? Il est des situations où le parent ne peut pas défendre le droit de son enfant à se comporter comme il l'a fait : insultes graves, agression physique, vols. Mais il reste possible de se comporter comme le fait un avocat, qui reconnaît l'infraction mais se situe inconditionnellement du côté de son client. Reconnaître l'infraction, c'est redire à l'enfant que son comportement n'est pas légitime ; se situer de son côté, c'est éviter de redoubler la sanction sociale par une sanction familiale. Il ne s'agit pas non plus, bien entendu, de déjuger l'autorité extérieure à la famille, de nier la loi... L'enfant doit s'entendre dire que la sanction décidée par l'école, par le moniteur, par l'éducateur, est normale, mais vivre l'espace familial comme un lieu paisible où il puisse récupérer.

Essayons d'aller plus loin. En tant qu'éducateurs, nous avons le souci de développer une conscience morale chez nos enfants. En tant que parents adoptifs, nous souhaitons rester à leurs côtés en toutes circonstances et les protéger de la sanction sociale. Est-ce réellement compatible ? Cette question nous amène à reprendre la distinction évoquée ci-dessus entre honte et culpabilité.

Dépasser notre honte. Lorsqu'un enfant a violemment agressé un camarade d'école (trois points de suture !) ou qu'un de nos jeunes a piqué le MP3 ou la PSP d'un copain, nous sommes convaincus que notre réprobation est d'ordre moral et que l'enfant doit se reconnaître coupable. Nous serions pourtant très soulagés d'apprendre que l'agression n'a pas été commise au vu et au su de tous, qu'il est encore temps de remettre l'objet à son propriétaire discrètement ou encore que les parents de la victime s'engagent à ne pas « ébruiter l'affaire ». Ce que nous éprouvons alors est moins de la culpabilité que de la honte face au regard social qui va, à travers l'enfant, nous juger comme parents incompétents. La morale en nous proteste certainement, mais notre fierté en a également pris un coup.

Tout enfant est d'abord pour ses parents une part d'eux-mêmes, un « même qu'eux ». Tous les parents éprouvent donc le besoin d'être fiers de leurs « rejetons ». Or être fier de la réussite (scolaire, sportive, artistique, sentimentale, sociale) d'un fils ou d'une fille est autre chose que se réjouir de réussites qui lui appartiennent et qui le réjouissent parce qu'elles correspondent à des choix qui sont les siens. Dans le premier cas, il s'agit d'une satisfaction passive et narcissique : la réussite rejaillit sur nous comme par contagion et notre moi s'en trouve conforté et grandi sous le regard d'autrui. Dans le second, nous nous mettons à la place de l'enfant et nous participons activement à sa joie d'un succès qui, en tant que tel, ne nous apporte rien. La fierté pour les siens se distingue, en somme, de la participation affective [6] à leur joie.

De même, c'est une chose d'éprouver la honte d'un échec ou d'une faute de notre enfant, c'en est une autre de ressentir de la compassion ou de la tristesse, c'est-à-dire d'être peiné pour lui et avec lui. La honte a partie liée avec la colère, nous en voulons à ce fils ou à cette fille qui aurait pu éviter un échec ou une conduite répréhensible, nous lui adressons agressivement des reproches. La honte conduit

---

6 Sur contagion, compréhension, participation affectives, voir Max SCHELER, *Nature et formes de la sympathie*, Payot-Rivages, coll. « Petite bibliothèque Payot », Paris, 2003.

aussi souvent à un repli sur le huis clos de la famille, à une perte des ancrages sociaux [7] par peur du jugement. La compassion procède en deux temps : d'abord une décentration pour se mettre à la place de l'autre et percevoir ou reconnaître sa souffrance ; ensuite une solidarité qui montre par un mot ou un geste (une main sur une épaule...) qu'on est à ses côtés.

Or les parents par adoption vivent souvent sous le regard social, avec le sentiment d'avoir quelque chose à prouver, une obligation de réussite et d'exemplarité. Lorsque ce désir de réussite est mis en échec, ils éprouvent de la honte, ils sont en colère et tout cela contribue à renforcer chez leurs enfants le sentiment d'être nuls et à renforcer les troubles de comportement qu'ils auraient tant aimé éviter !

La honte et la colère qui l'accompagne sont en somme, pour nous, des réactions spontanées, premières et naturelles. Dépasser la honte n'est ni évident ni facile. Un grand pas nous semble fait le jour où nous en sortons pour accéder à la compassion (et bien sûr, aussi, au partage des joies !). Une maman distingue bien ces deux moments et ce passage d'une attitude à l'autre quand elle dit : « Moi, pendant des années, je n'ai pas compris cet enfant, j'étais en colère, je lui en voulais, et puis depuis quelque temps, c'est autre chose, je suis peinée pour lui [...] Ce n'est pas la même tonalité affective, je le vois malheureux [8]. »

---

7 La mère d'un adolescent violent indique ce repli : « À Bordeaux, je m'étais isolée, personne ne savait l'enfer que je vivais avec lui, ce n'était pas racontable » (Catherine Sellenet, *Souffrances dans l'adoption*, De Boeck Université, Bruxelles, 2009, p. 142).

8 Catherine Sellenet, *Souffrances dans l'adoption*, *op. cit.*, p. 143.

Ne pas faire honte. Revenons maintenant sur l'exemple de l'enfant ou de l'adolescent qui a volé ou commis une agression. Sa conscience morale n'est pas encore très formée. Il ne se reproche moralement pas grand-chose (le copain lui avait fait tort d'une manière ou d'une autre, il méritait l'agression, les trois points de suture, ce n'est vraiment pas de chance, cet idiot s'est penché juste au moment où, etc.). Ce qui l'affecte le plus, c'est la honte liée aux reproches qui lui sont faits, le regard noir de la maman du blessé, la désapprobation forte lue sur le visage de l'enseignant, la compassion des copains pour l'enfant agressé, etc. Le voilà à nouveau rejeté, seul et menacé. Il éprouve beaucoup plus de honte face au regard social que de culpabilité face à son geste, et même aux conséquences de son geste.

Or la honte, nous l'avons dit, est destructrice, désorganisatrice de l'identité. Dans cette situation, lorsque les parents ou les adultes autour de l'enfant le pressent de se reconnaître coupable, ce qu'il vit n'est pas un rappel à l'ordre moral mais un enfoncement dans la honte, une invitation à se recouvrir la tête de cendres et à s'avancer seul vers le pilori... De fait, de nombreux parents signalent comme un indice inquiétant que leur enfant refuse absolument de reconnaître ses torts, que – pris la main dans le sac – il jure que ce n'est pas lui, qu'il n'avoue jamais, qu'il n'a, dirait-on, aucune conscience morale !

Certes, cela peut arriver, mais c'est heureusement très rare. En fait, la conscience morale se forme lentement, *a fortiori* chez ceux qui ont, au départ, manqué de sollicitude [9].

9 Les Anglais ont un mot pour évoquer une étape essentielle de la formation de la conscience morale : *mind-mindedness*. Il y entre, chez chacun de nous, la conscience de ses propres états intérieurs (*mind*) et celle que tout humain a également des états intérieurs différents des siens. Savoir que l'autre éprouve

Or ce ne sont pas les reproches ni la honte qui forment la conscience morale. L'aveu plonge dans la honte, donc l'enfant refuse d'avouer, il défend ainsi comme il le peut une image de soi acceptable. Plus nous insistons, plus il refuse d'avouer, parce qu'il ne peut pas supporter le regard que le monde va porter sur lui s'il avoue. Quant à sa victime, c'est vrai, ce n'est pas son souci majeur : c'est lui qui se sent victime des autres, une nouvelle fois !

Contraindre à l'aveu est une pratique liée à l'exercice de la justice pénale, ce n'est pas une pratique éducative ! Si l'enfant lacère la tapisserie de sa chambre, « prend » 20 euros dans notre portefeuille ou invente une histoire pour se rendre intéressant à l'école, nous n'avons pas besoin de juges, de preuves, de témoins, pour savoir qu'il en est l'auteur, et pas besoin d'aveu non plus.

C'est le souci d'autrui qu'il convient d'éveiller chez nos enfants (au demeurant, chez tous les enfants), et non la honte de leur acte : « Ça me peine que tu te sois mis dans cette situation ; ça me fait de la peine aussi pour l'autre enfant ; que peut ressentir maintenant cet enfant que tu as attaqué ? Ce copain que tu as volé ? Comment crois-tu qu'il pense à toi ? Qu'est-ce qu'il ressent en pensant à l'objet volé, qui était peut-être un cadeau de quelqu'un qu'il aime ? Que ressentirais-tu à sa place ? Que peut-on faire maintenant pour réparer ? » Ceci sans dramatisation, sans excès d'indignation... Juste apprendre à se mettre à la place de l'autre,

---

des émotions et élabore des pensées, essayer de les imaginer, cela se met en place lentement, mais prend naissance, en miroir, dans la relation initiale à un adulte « donneur de soin » attentionné, qui se questionne sur les besoins de l'enfant pour y répondre adéquatement. Lorsque cette expérience initiale a failli, le souci de l'autre et l'accès à une éthique personnelle intériorisée sont plus difficiles. Nous l'avons évoqué dans l'excursus précédent.

qui est en ce moment la victime, alors que certains enfants ont tendance à se considérer par nature comme seules victimes, victimes d'un abandon injuste et en droit d'en tirer vengeance comme bon leur semble.

L'attitude qui consiste à ne pas faire honte mais à éveiller la conscience morale d'un enfant ou d'un adolescent n'est ni naturelle ni facile. Elle implique que les parents acceptent d'affronter la honte face au regard social aux côtés de l'enfant, sans la faire retomber exclusivement sur lui. Mais elle nous semble la seule capable de garantir que la famille reste ce lieu refuge, ce lieu d'acceptation inconditionnelle dont ces enfants ont tant besoin pour développer pleinement leur sentiment d'appartenance.

Une famille ouverte à l'imprévu, à la rencontre, à la différence

Le repli sur la cellule familiale, quasi indispensable dans les deux mois après l'arrivée, ne gagne pas à être prolongé. L'enfant a besoin de percevoir que ses parents ont des amis, une vie sociale riche et épanouie, des passions et des domaines de réussite, un passé qu'on peut évoquer avec ses zones d'ombre comme avec ses heures de gloire – tout métissage dans le passé familial (*a fortiori* dans le présent) est évidemment un plus pour l'intégration de l'enfant.

À titre personnel, pour sa construction identitaire, et particulièrement à l'adolescence, il a besoin de vivre des rencontres [10]. Une rencontre, c'est une sollicitation à être, à se

10 Rencontrer, au sens où nous l'employons ici, c'est évidemment plus que côtoyer : il y a rencontre quand l'autre prend dans notre vie une place signifi-

découvrir soi-même différent de ce qu'on connaissait de soi, à dépasser les étapes de vie antérieures. L'enfant a besoin que la famille y soit ouverte, les autorise, les favorise. Et ce, pour de multiples raisons.

D'une part, tout repli sur une attitude possessive et exclusive contredit le message initial qui est celui de l'adoption, à savoir que l'enfant n'est pas la propriété de ses parents, qu'il a le droit de bénéficier d'autres rencontres et d'autres liens affectifs répondant mieux à ses besoins. Autant il est essentiel de veiller, dans les premiers mois, à ce que l'enfant s'attache bien à ses nouveaux parents et n'en reste pas à des jeux de séduction indifférenciés avec tous les adultes qui passent à portée, autant il serait dangereux, ensuite, de garder jalousement pour soi l'enfant si longtemps attendu.

D'autre part, un enfermement qui se voudrait protecteur de l'enfant contribue à lui faire percevoir l'extérieur comme le lieu de tous les dangers. Il entretiendrait donc chez lui la méfiance à l'égard du monde, conforterait ce que la théorie de l'attachement appelle son « modèle interne opératoire », à savoir une représentation du monde comme un milieu hostile, menaçant. Il ne suffit pas que nous lui assurions un refuge au sein de la famille, il nous faut lui apprendre à se sentir en sécurité aussi à l'extérieur.

Enfin, pour ceux des enfants qui portent en eux leurs deux familles, toute attitude inutilement possessive de la famille adoptive, au moment où le jeune souhaite et redoute de prendre de l'autonomie, risque de le faire tomber dans un « ou bien… ou bien… », qui éveille des angoisses de solitude

---

cative. Une rencontre peut « changer un destin », selon l'expression de Boris Cyrulnik.

et de morcellement. Une identité riche et solide (autant que cela est possible) se construit au confluent de plusieurs appartenances, et non dans un choix exclusif qui serait une castration de soi. Parce qu'ils ont dû, enfants, renoncer provisoirement à une partie d'eux-mêmes, nos adolescents ont particulièrement besoin d'apprendre à assumer sans angoisse leurs multiples facettes sans en renier aucune. Et, le plus souvent, ces facettes de la personnalité commencent par s'incarner dans des amitiés, dans des rencontres.

Bien entendu, nous avons nos amis et ils ont les leurs, et ce ne sont pas les mêmes. Ils ont droit au respect de leur vie privée, comme nous avons droit à protéger de leurs regards une part de notre existence. Attention, cependant, au fossé qui pourrait se creuser entre le milieu de nos amis et celui des leurs. Si nous souhaitons éviter que ne s'instaure à l'adolescence une cassure entre ces deux mondes, à nous de faire en sorte que notre famille soit non seulement ouverte à des amis qui nous ressemblent, mais accueillante aux différences, à l'altérité : étrangers, immigrés, handicapés, couples mixtes, adultes ayant opéré des choix de vie originaux... Nos amis reflètent notre ouverture au monde. En adoptant, nous avons accepté de sortir de la reproduction, de la ressemblance. Nos enfants adolescents nous invitent sans le dire, par leurs propres fréquentations le plus souvent, à métisser nos amitiés. Si nous en avons l'opportunité, si cela est vécu comme une ouverture toute naturelle, nos enfants se percevant moins comme des étrangers dans notre milieu de vie éprouveront sans doute moins le besoin de se réfugier dans la marginalité, leur différence pourra être appréhendée par eux comme un « plus », une chance, une richesse. Et, de notre côté, nous en serons plus à même d'accueillir les jeunes qu'ils fréquentent, avec leurs côtés positifs et leurs valeurs, sans préjugés et dans une attitude d'acceptation et de dialogue.

« Il y a une image que j'ai envie de vous donner, qui pour moi a été importante dans l'adoption : chez nous, il y avait un cognassier (un arbre qui donne des coings) et il y avait une greffe de branche de poirier sur le cognassier. Cette image-là me fait toujours penser à l'adoption, parce que la greffe de la branche de poirier a pris, mais elle a continué à donner des poires. Moi je croyais qu'après adoption la branche allait donner des coings (rires), et elle a donné des poires... Et moi, je suis contente parce que, quand on est un cognassier, avoir des poires comme famille c'est quand même beaucoup mieux que des coings ! Je suis sûre maintenant que si j'ai adopté, c'est que j'avais envie de surprises, c'est que j'avais envie qu'il y ait de la différence : je ne le savais pas, je crois que je voulais ramener au même, alors que la seule chose intéressante, c'est d'avoir de la différence... Même si la différence, parfois [11]... »

Parfois, il est vrai il faut savoir éloigner nos jeunes pour les couper de bandes dont la délinquance est avérée, à condition de bien mettre l'accent sur le risque encouru et sur le respect de la loi. Car il est essentiel de ne pas stigmatiser trop vite un groupe de jeunes en se repliant sur un communautarisme de classe. La cocaïne circule autant dans certaines grandes écoles que dans les banlieues de nos grandes villes !

En cas de conflit plus lourd, lorsque, à l'adolescence, le jeune est en rébellion contre sa famille, les parents adoptifs peuvent difficilement être à la fois pour lui le problème et la

11 Marylène Fèvre-Chevalier, intervention orale en 2009 aux cinquante ans d'EFA Loire-Atlantique.

solution. Sa chance, c'est alors de trouver sur sa route quelqu'un d'autre en qui il puisse avoir confiance, à qui il puisse se confier, mais surtout à qui il puisse s'identifier suffisamment pour croire en son propre avenir. Certaines rencontres peuvent être alors favorisées, facilitées, celles d'un pédiatre, d'un psychologue, avec qui l'enfant (ou le jeune) se sent en confiance, l'investissant d'un rôle et d'un pouvoir qui le rassurent. Cela peut être celle d'un autre adopté du même âge, ce qui autorise les confidences, ou plus âgé, ce qui facilite les projections et les identifications. L'association « La Voix des adoptés [12] », en particulier, offre cette possibilité de contact au sein de réunions en groupe mais aussi sous la forme de parrainages individualisés.

Que nos enfants aient besoin d'autres que nous, en témoignent, paradoxalement, les situations où un jeune, plus souvent à l'adolescence, s'oppose violemment à ses parents, récuse leur autorité, voire fait en sorte de les quitter totalement, mais reste en contact avec un oncle, une grand-mère, des amis de la famille... Un tel comportement est certes très douloureux pour les parents qui le vivent comme un échec personnel et un jugement porté sur eux (l'oncle est « mieux » que les parents, les amis ont « capté » l'enfant, la grand-mère se laisse « avoir » par le jeune, etc.), ils se sentent dépossédés injustement d'un enfant qui leur « appartient » ! Et on les comprend. Mais, à regarder la situation du point de vue du jeune, comment ne pas y voir un indice de bonne santé et une espérance pour l'avenir : il ne s'éloigne pas vraiment de sa famille, elle lui a permis une rencontre sur

12 La Voix des adoptés, <www.lavoixdesadoptes.com> ; permanence téléphonique le mercredi soir : 06 72 18 62 80, messagerie : information@lavoixdesadoptes.com. Voir aussi Perspectives d'adoptés, <www.perspectivesdadoptes.blogvie.com>.

laquelle il s'appuie pour se construire, alors même que l'adoption ne lui est pas supportable à ce moment-là.

Une famille ouverte aussi à la famille de naissance ?

Intégrer pleinement l'enfant dans une famille ouverte, accueillante, quelle place cela accorde-t-il à sa première famille ? Si le jeune est pleinement intégré, est-ce dans l'oubli, voire le déni de son origine ? La question n'appelle pas de réponse évidente et toute faite, car chaque enfant vit la situation d'une manière unique, qu'il importe de respecter. Nous souhaitons seulement exprimer ici deux convictions inséparables :

– ce n'est pas le rôle des parents que de trop rappeler à l'enfant sa famille et son pays d'origine, lorsque celui-ci fait le choix d'en refouler l'existence. Priorité doit être donnée à l'intégration pleine et entière dans la nouvelle famille. Tout rappel insistant, contre le désir de l'enfant, constitue une intrusion dans son intimité, dans son jardin secret, et peut être perçu par lui comme un rejet, un indice de non-appartenance. L'identité du jeune se construit d'abord au sein de sa famille adoptive ;

– les parents adoptifs ont besoin d'être au clair pour eux-mêmes avec le passé de leurs enfants, de les accueillir avec leur famille d'origine, leur histoire – même inconnue –, en sorte qu'ils soient tolérants aux répercussions sur le présent et accessibles en permanence aux questions que l'enfant peut poser sur ce passé et/ou aux évocations qu'il peut en faire.

L'intégration pleine et entière dans la famille et dans le pays d'adoption est porteuse d'avenir pour l'enfant. Le passé, la quête de l'origine, peut refaire surface à tout moment, sans menace pour cette intégration. Le sentiment d'une double appartenance sera d'autant mieux vécu ultérieurement que l'intégration dans la famille d'adoption aura été plus solide et que les parents adoptifs ne se seront pas sentis menacés par le retour du refoulé, mais l'auront vécu comme naturel.

Une famille que l'on puisse quitter sans angoisse, sans rompre le lien

L'enjeu de toute adolescence est de se séparer des parents pour devenir autre, tout en maintenant des liens heureux avec eux. L'identité se construit dans la séparation des corps, des psychismes, des espaces de vie, dans une prise de distance qui permet l'accès à l'autonomie. Certes, l'autonomie totale est en partie illusoire. Personne ne vit dans une indépendance complète. Nous avons besoin de la présence réconfortante de ceux que nous aimons, de l'accompagnement interne ou externe de nos figures d'attachement. Qu'un de nos étayages vienne à s'écrouler (chômage, accident, deuil, perte d'un amour) et tout vacille. Tout peut s'écrouler. C'est néanmoins une autonomie relative qui définit l'âge adulte. Or la séparation, quoique indispensable, est souvent difficile à vivre pour les enfants adoptés. D'où cela vient-il ? De ces jeunes, angoissés, peu sûrs d'eux-mêmes, méfiants par rapport au monde extérieur, soit ; certains gardent au cœur une angoisse tenace, une peur d'être abandonnés qui ne leur permet pas de se construire comme à la fois reliés et séparés, de vivre sereinement ces deux aspects de la relation. Mais peut-être cela tient-il aussi à nous qui, après avoir été les étayages indispensables de leur enfance, devenons des étayages encombrants de leur adolescence.

Non que nous cherchions consciemment, plus que les autres parents, à retenir nos enfants, nous savons que nous les avons élevés pour leur autonomie future. Mais lorsque ces enfants ont connu chez nous une acclimatation lente et difficile, lorsque nous avons perçu leurs angoisses d'abandon, leurs peurs de l'avenir, leur manque de confiance en eux-mêmes comme dans le monde adulte, il est possible que nous soyons devenus hyperprotecteurs et que, ce faisant, nous ne les ayons pas préparés à vivre autonomes. Ils se sont attachés à nous, dans l'ambivalence, avec une forte composante agressive qui tient précisément au sentiment qu'ils ont de ne pas pouvoir nous quitter facilement ; ils ne souhaitent pas partir, n'y parviennent pas ou l'assument mal.

C'est sans doute là le plus difficile : à partir de quel point le souci légitime de protéger nos enfants devient-il pour eux une sorte d'empêchement à grandir vers l'autonomie, à « prendre corps » comme sujets responsables d'eux-mêmes ? Prenons le cas de la scolarité. Les parents se sont battus – et avec raison, c'est souvent indispensable – contre les rigidités de l'institution pour aménager l'entrée à l'école d'un enfant arrivé à cinq ans ou à huit ans et jamais scolarisé dans son pays. Dix ans après, ils continuent à anticiper les difficultés et, lorsque le jeune se met en échec, ils ont toujours une solution d'avance pour lui. « On va essayer telle école, telle section, telle orientation, et si ça ne marche pas, alors il restera telle autre solution » ou : « S'il se fait à nouveau exclure, on pourra encore essayer... » Le jeune n'effectue pas un parcours scolaire initiatique, il ne vit pas une aventure qu'il construirait pas à pas sans en connaître l'issue, il vit dans l'instant, irresponsable : ses parents ont pris totalement en charge l'avenir tout en anticipant l'échec... Compter entièrement sur ses parents pour faire face à tous les problèmes, lorsqu'on a cinq ans, quoi de plus normal ? Mais à quinze ans ? Le jeune aurait besoin d'affronter le problème que pose son échec ou sa rébellion en partageant l'inquiétude et la perplexité des parents. Que peut-on faire maintenant ? Que vas-tu devenir ? Quelles solutions vois-tu ? Face à une exclusion d'établissement scolaire, à une accusation de vol de portable, à une convocation chez un juge, l'urgence n'est pas de fournir une solution, mais de rester un moment (quelques jours parfois !) avec son enfant dans la sidération face au problème posé, dans l'impuissance, dans la tristesse partagée. Manière de revenir au cœur de sa propre existence.

Nos jeunes ont tendance à vivre uniquement au présent : évoquer leur passé leur est douloureux, se projeter dans l'avenir leur est sans doute pour cette raison plus difficile qu'à d'autres. Ils ont d'autant plus besoin d'apprendre à le faire. Parlant d'un jeune qui ne parvient pas à se séparer et que les parents prennent totalement en charge, Boris Cyrulnik écrit : « Gavé dans sa carence dorée, il ne peut pas éprouver le manque et le remplir de rêves, d'aspirations et de désirs. Ce genre de réel assassine l'espoir. Le plaisir de vivre et le courage de se bagarrer n'ont plus aucun intérêt[13]. »

---

13 Boris Cyrulnik, *Parler d'amour au bord du gouffre*, Odile Jacob, Paris, 2004, p. 100.

Si le jeune n'accède pas à un désir d'autonomie, le risque est grand que parents et enfants vivent un enfermement mutuel, chacun se vivant comme indispensable à l'autre : le jeune ne prend pas son autonomie parce que ses parents s'occupent de tout pour lui, mais aussi parce que s'est installée une situation de collage qu'il serait difficile et coûteux psychiquement de rompre. L'équilibre du système repose sur la confusion des vies, rien ne peut plus bouger sans violence ! Boris Cyrulnik précise : « Quand l'histoire des parents ou le contexte social les amène à construire un champ clos affectif, c'est sur la haine que repose l'effet-séparateur [14]. »

Le lien ne peut exister, de manière saine et heureuse, entre jeunes adultes et leurs parents, que sur fond de séparation.

---

14 *Ibid.*, p. 100.

4

Construire son identité personnelle, mêmeté et ipséité

> « La recherche de soi est un long chemin. Au début, il n'est d'ailleurs pas de chemin. Seule règne une profonde ténèbre. Une ténèbre faite d'interrogations, de doutes, de fatigue, de haine de soi, de difficulté à vivre... Mais un travail d'élucidation et de clarification parvient à la repousser, à y faire naître une faible lueur. Alors, des entraves commencent à tomber, des obstacles à disparaître, et un chemin finit par s'ouvrir. »
>
> Charles JULIET, *Accueils, Journal IV*, P.O.L., Paris, 1994.

Dans ce dernier chapitre, nous nous interrogerons sur ce qui peut aider nos enfants à construire leur identité en dehors de l'espace familial. Notre sentiment d'identité, rappelons-le, a trois aspects fortement intriqués : il est d'abord l'héritage d'une histoire affective qui se déroule dans nos premières sphères d'appartenance et se constitue à travers l'identification aux membres de notre famille ou, plus largement, à ceux qui comptent pour nous : ce qu'on peut appeler l'identité d'appartenance ou d'identification. Il suppose ensuite, malgré les aléas de l'existence, qui contraignent à des remaniements, un mouvement vers l'identique au sens où nous nous reconnaissons d'une époque à une autre, où nous pourrions faire de notre vie un récit relativement cohérent :

continuité de soi ou identité-mêmeté. Il s'épanouit enfin quand nous avons peu ou prou le sentiment d'avoir trouvé notre voie (et notre voix) et d'être devenu nous-même. Nous nous sentons alors exister dans nos fonctions et nos rôles, nos choix et nos actes. On pourrait aussi évoquer un rapport pacifié à soi-même qui finit par dessiner une personnalité : un style de vie, d'intelligence, de sensibilité qui nous est propre. Ce que nous avons appelé l'ipséité. Si nous sommes tous (ou presque) dotés dès notre naissance d'une identité juridique, le sentiment d'identité n'a rien d'inné ou d'évident. Une identité, sur le plan psychique, se bâtit toujours lentement et difficilement.

Construire son identité, c'est mettre en cohérence des éléments disparates, faire une unité de ce qui est fragmentaire, discontinu, mouvant. C'est encore faire des choix et assumer les limites liées à ces choix, renoncer à certains rêves et n'être « que cela ». C'est aussi – surtout ? – supporter sans effondrement ce qui reste en nous d'incohérence, de fragilité, de dispersion. Difficile pour tous, l'épreuve l'est particulièrement pour les adolescents adoptés, mis au défi qu'ils sont de se forger une identité à partir d'appartenances qui leur posent question, d'une moindre sécurité intérieure, d'un parcours de vie souvent éclaté, d'un conflit entre leur désir d'émancipation et leur peur d'affronter le monde adulte. Quels choix, quelles activités, quel cheminement intérieur permettent-ils de définir une identité suffisamment stable pour supporter le choc des surprises et des difficultés de la vie, mais suffisamment souple pour s'y adapter sans raideur, sans aigreur ? Nous n'avons pas la prétention d'épuiser ce sujet, mais d'indiquer quelques pistes que d'autres ont explorées avant nous.

Construire la continuité de soi : l'identité-mêmeté, l'identité narrative

On ne peut pas aborder la question de la construction d'une identité personnelle, nous dit Paul Ricœur dans *Soi-même comme un autre* [1], sans aborder la question de notre permanence dans le temps. Vu de l'extérieur, je suis le même pour autrui dans la mesure où, d'une fois à l'autre, je me ressemble à moi-même. La carte d'identité essaie d'en préciser les constituants : un nom, une date de naissance, des signes distinctifs, une photo (récente, de face, etc.). Vu de l'intérieur, la conscience que j'ai de mon identité repose sur la continuité de ma mémoire. Je puis me représenter ma vie comme un continuum dont l'évocation m'est familière et disponible, et je puise dans cette continuité (par-delà les aléas, les accidents de la vie, les ruptures, les bifurcations) le sentiment d'être le même (*idem*) et d'être unique (*ipse*, seul à habiter cette mémoire-là). Nous retrouvons donc ici le concept de continuité de soi évoqué dans le premier chapitre. La mémoire permet de lier le présent au passé et ainsi de regarder vers l'avenir.

Or nous savons bien que notre mémoire n'a rien d'un archivage fidèle de ce qui a été vécu : il s'agit bien davantage d'un récit intérieur qui retravaille les souvenirs, sélectionne ceux que nous tenons à conserver, en modifie d'autres... Il s'agit donc d'une sorte de roman autobiographique, d'un récit de vie que nous pouvons évoquer pour d'autres, dont les amoureux se font confidence, par exemple, pour se présenter l'un à l'autre lorsque la relation dépasse le simple corps à corps et ses plaisirs. Sans la

1 Paul RICŒUR, *Soi-même comme un autre, op. cit.*

possibilité de nous représenter à nous-mêmes la totalité de notre vie passée, de la garder sous notre regard intérieur, nous ne vivrions que des instants décousus, des présents successifs sans lien entre eux, nous serions donc également sans projet de vie : autant dire que tout ce qui fait une identité disparaîtrait.

Nous savons également que notre mémoire est étayée par notre entourage relationnel ; certains souvenirs se réveillent au contact de personnes que nous retrouvons de loin en loin, d'autres se maintiennent vivaces pour être évoqués lors de réunions au sein d'un cercle d'appartenance, d'autres n'existent que relayés par des récits faits par des proches : nous pourrions ainsi évoquer notre vie en commençant par notre naissance, dont nous n'avons aucun souvenir, mais que notre mère a évoquée devant nous – souvenirs de l'accouchement, de ses douleurs et de son bonheur. La continuité de soi des enfants adoptés est minée par ce vide initial : pas de récit de la naissance, pas de témoins avec qui évoquer les touts débuts de la vie, le choc d'un changement de vie à une époque dont la mémoire échoue ou peine à garder le souvenir. Un jeune adulte interviewé dans *Au risque de l'adoption* le formule très bien : « J'ai l'impression de ne pas avoir grandi, ou bien d'avoir grandi sans passé, sans avenir, sans repères, juste au présent. Les autres évoluent, les autres ont des souvenirs, moi pas. [...] Je suis arrivé là, quel sens ça a ? Je suis passé de main en main sans décider de ma vie [2]. »

---

2 Cécile Delannoy, *Au risque de l'adoption, op. cit.*, p. 125.

Continuité de soi et traumatisme

Cette perte des souvenirs, ce sentiment de vide, d'absence de passé comme d'avenir, est commun à tous ceux qui ont vécu des traumatismes dans l'enfance ou parfois au-delà. Quand certains événements d'une vie font effraction ou traumatisme, nous avons tendance à nous en défendre en cherchant à les oublier. Mais le résultat est plutôt ce que Freud appelle un « refoulement » : l'oubli n'est qu'apparent, ce qui est oublié de la conscience demeure alors dans l'inconscient et fait retour sous forme de divers « symptômes ». Tout traumatisme est d'abord vécu comme une impossibilité à dire ou à se dire, un « désastre du narratif », dit Paul Ricœur [3] avec pour corrélat une fixation au passé, une tendance à la mésestime de soi et une perte du sentiment de la valeur de sa vie. Pour le sujet qui a consciemment oublié, sa vie se coupe en deux, l'impossibilité d'évoquer les souvenirs provoque une rupture de la continuité de soi, une incapacité à se projeter dans l'avenir et un sentiment de perte d'identité.

C'est ce dont témoigne, par exemple, Anny Duperey. À huit ans et demi, elle retrouve, un dimanche matin, ses parents allongés sur le carreau de la salle de bains, morts, asphyxiés par un chauffe-eau déficient : une perte suffisamment terrifiante pour étendre un « voile noir » sur les huit premières années de sa vie, comme si cette vie avait commencé à la mort de ses parents. Les jours et les mois qui

---

3 Paul Ricœur, « La souffrance n'est pas la douleur », communication faite au colloque organisé par l'Association française de psychiatrie à Brest les 25 et 26 janvier 1992. Le texte de cette communication a été publié dans la revue *Autrement*, « Souffrances », n° 142, février 1994 ; voir aussi la publication du Fonds Ricœur sur Internet, p. 3.

suivent sont aussi « noyés dans un épais brouillard [4] ». Au plus grand désarroi des adultes qui l'entourent, la petite fille semble n'éprouver aucune souffrance : elle est décrite et se décrit elle-même comme un « monstre d'insensibilité [5] ». À treize ans, elle se retrouve sous les roues d'un autobus : « Accident ou suicide, je ne saurai jamais [6]. » Il lui faudra de longues années pour prendre le risque d'avoir à son tour des enfants.

Un autre exemple de cette forme d'amnésie nous est donné dans le film *Valse avec Bachir* [7]. « Qu'ai-je donc fait à Beyrouth, en septembre 1982, pendant les massacres des camps palestiniens de Sabra et Chatila ? » se demande avec angoisse Ari Folman, quadragénaire de Tel-Aviv, mobilisé pendant la première guerre du Liban. Les souvenirs lui font cruellement défaut : un trou noir en lieu et place de mémoire. Pour essayer de le combler, il entreprend une enquête auprès de ses anciens compagnons d'armes. Mais ces derniers flottent eux aussi entre cauchemars et fantasmes, dans les eaux troubles de l'oubli. Pour certains d'entre eux, leur vie s'est comme brisée...

En témoigne également le très étrange *W ou le souvenir d'enfance* de Georges Perec. De ses parents juifs disparus l'un en 1940 tombé au combat et l'autre en 1943 à Auschwitz, nul souvenir ! « Je n'ai pas de souvenir d'enfance, écrit-il au début de son livre. Jusqu'à ma douzième année à peu près, mon histoire tient en quelques lignes : j'ai perdu mon père à quatre ans, ma mère à six ; j'ai passé la guerre dans diverses

---

4 Anny Duperey, *Le Voile noir*, Seuil, Paris, 1992, p. 40.

5 *Ibid.*, p. 69.

6 Anny Duperey, entretien avec Guillemette de Sairigné, in *Tous les dragons de notre vie*, Fayard, Paris, 1993, p. 63.

7 *Valse avec Bachir*, film israélien réalisé par Ari Folman, 2008.

pensions de Villard-de-Lans. En 1945, la sœur de mon père et son mari m'adoptèrent [8]. » Et un peu plus loin : « Je ne sais où se sont brisés les fils qui me rattachent à mon enfance [9]. » Cependant, son imagination a inventé un double fantasmatique de l'Allemagne nazie, qu'il situe dans un îlot de la Terre de Feu : « Mes rêves se peuplaient de ces villes fantômes, de ces courses sanglantes dont je croyais encore entendre les mille clameurs, de ces oriflammes déployées que le vent de la mer lacérait. L'incompréhension, l'horreur et la fascination se confondaient dans ces souvenirs sans fond [10]. » D'un côté, une absence de souvenirs, de continuité narrative, des anecdotes dépourvues de sens, racontées par bribes, comme des « lambeaux » arrachés à la mémoire ; de l'autre, un imaginaire hanté de camps exaltant la virilité sportive et imposant en fait la déshumanisation, où « il y a deux mondes, celui des Maîtres et celui des esclaves ». Seul l'entrecroisement de cette quasi-absence de souvenirs et de cet imaginaire horrifié restitue quelque chose du vécu intérieur de Perec. « Je ne sais pas si je n'ai rien à dire, je sais que je ne dis rien ; je ne sais pas si ce que j'aurais à dire n'est pas dit parce qu'il est l'indicible (l'indicible n'est pas tapi dans l'écriture, il est ce qui l'a bien avant déclenché) ; je sais que ce que je dis est blanc, est neutre, est signe une fois pour toutes d'un anéantissement une fois pour toutes [11]. » Comment dire mieux ce vide intérieur qu'évoquent certains jeunes adoptés au sortir de l'adolescence ?

---

8 Georges Perec, *W ou le souvenir d'enfance*, Gallimard, coll. « L'Imaginaire », Paris, 1993, p. 17.

9 *Ibid.*, p. 25

10 *Ibid.*, p. 13.

11 *Ibid.*, p. 63.

Dans ces trois exemples, il faudra ce que Freud appelle un « travail de remémoration » pour que le passé soit dépassé (dé-passé ?) ; un livre pour Anny Duperey et pour Georges Perec (plusieurs livres, en fait, pour ce dernier), un film pour Ari Folman ; dans tous les cas un récit de soi pour suturer les deux parties déchirées d'une biographie et pour relancer l'identité. C'est aussi cette recherche de la continuité de soi qui conduit souvent les personnes adoptées à celle de leurs origines.

Continuité de soi et recherche des origines

Jusqu'à leurs dix à douze ans et sauf arrivée tardive dans leur famille, les enfants se vivent le plus souvent comme les enfants des seuls parents adoptifs : leur appartenance leur pose peu de questions. Ils vivent au présent, sans grand souci du passé.

Tout change, en revanche, avec l'adolescence dont l'enjeu est, pour chacun, de définir son identité personnelle. La question des origines, oubliée ou refoulée dans l'enfance, fait alors un retour en force, exacerbée par l'importance accordée au corps et à la sexualité et par la désidéalisation des parents. Elle peut alors se faire obsédante et certains auront le sentiment de ne pouvoir avancer que lorsqu'ils auront retrouvé leur « première famille », quand ils connaîtront leurs origines.

Cette question des origines n'est pas facile à penser : pourquoi est-il si douloureux de les ignorer ? Peut-on devenir ce que l'on est quand il y a au départ un vide dans la continuité de soi ? Et que faut-il entendre, au demeurant, par ce terme d'origines ?

« Origines » : on écrit le plus souvent ce mot au pluriel pour indiquer qu'aucune vie humaine n'a un fondement ultime, définitif, clairement assignable. Les origines restent un mystère pour chacun d'entre nous. Le mot est polysémique : il renvoie à la géographie, au climat et à la terre (être breton d'origine), à la biologie et à la génétique (l'analyse de l'ADN) ; mais il a aussi un sens humain donc relationnel. Avec la naissance, il évoque ceux qui nous ont donné la vie ; à travers l'arbre généalogique, il nous lie à nos grands-parents qui nous inscrivent dans une tradition, à des ancêtres qui jouent parfois un rôle de modèles. Que cherchent les jeunes adoptés quand ils veulent retrouver leurs origines ?

Les origines ne sont pas les racines : les racines d'un arbrisseau commencent certes à pousser dans la terre où il a germé mais, si on le transplante, elles se développent là où il est finalement implanté. Les jeunes adoptés ont leurs racines dans leur milieu d'adoption. Cela ne les empêche pas d'éprouver, parfois très douloureusement, l'ignorance de leurs origines. L'origine (être né de) n'est pas la filiation (être fils de). La loi se reconnaît le pouvoir de défaire et de refaire une filiation, elle ne peut rien contre l'origine. Et réciproquement, aux yeux du législateur, « la découverte de l'identité de la génitrice ou éventuellement du géniteur est sans effet sur la filiation ».

Nous poserons ici que l'origine est ce réel qui résiste obstinément au symbolique de la filiation et qui fait retour dans nos imaginaires. Peut-être même l'origine est-elle totalement du côté de l'imaginaire, du mythe. Tous les grands mythes, les textes religieux fondateurs, sont des récits des origines. Pour sacraliser un personnage, rien de tel que d'évoquer un abandon dans l'enfance, une filiation hors norme, une étrangeté initiale, un être « venu d'ailleurs » : Moïse, Œdipe, Remus et Romulus, Jésus, Bouddha, Superman, E.T.... La liste pourrait être longue de ces héros dont l'origine s'entoure de mystère. Ce qui explique en partie la fascination qu'exercent sur le public l'adoption en général et les histoires de quête des origines de nos enfants. Cette fascination, quoi d'étonnant alors qu'elle s'exerce aussi sur nos enfants, à proportion des non-dits, non-sus de leurs origines ? Moins ils ont d'éléments précis, factuels, ancrés dans le réel, et plus elle est intense, comme s'il y avait là une sorte de menace. Toute donnée assurée et vérifiable comble un vide angoissant, suture une plaie vive.

Plus prosaïquement, la jurisprudence de la Cour européenne des droits de l'homme précise, pour sa part, que « les origines sont un aspect important de l'identité personnelle [12] », laquelle signe la « dignité » d'un être humain. La connaissance des origines, dans la mesure du possible, devient donc un des droits essentiels des hommes. Or un droit n'est pas quelque chose qu'on accorde à certains par charité, compassion pour une souffrance, mais à tous par sens de la justice. La Cour ajoute que « l'intérêt que peut avoir un individu à connaître son ascendance biologique ne cesse pas avec l'âge bien au contraire ». En effet, plus on vieillit, plus on éprouve le désir de jeter un regard rétrospectif sur son histoire et plus on acquiert la capacité de le faire ; ce désir et cette capacité n'ont alors rien à voir avec des troubles psychologiques.

Les origines : distinctes de la filiation mais part importante de l'identité ; c'est ce que nous confirme la parole des jeunes adoptés. Beaucoup d'entre eux, en effet, ont besoin

---

12 Irène Théry, *Des humains comme les autres*, *op. cit.*, p. 247.

de mettre de l'ordre dans leur rapport au passé pour envisager plus sereinement l'avenir. Pas tous, il est vrai ! Il en est qui se tournent délibérément vers l'avenir en affirmant que le passé ne les intéresse pas. Force intérieure ou déni ? Peut-être la quête du passé refera-t-elle surface tardivement (nous en connaissons des exemples), mais pour l'heure pourquoi ne ferait-on pas confiance à leur volonté d'accepter le passé tel qu'il est, zones d'ombre comprises ? D'autres, peu nombreux, éprouvent le besoin de faire retour longuement, voire définitivement, dans « leur » pays d'origine, d'en apprendre la langue, de s'y insérer professionnellement, de renouer avec « leur » famille lorsqu'ils la retrouvent. En fait, il s'agit plus souvent d'un rêve qui freine leur intégration sociale ici que d'une réinsertion définitive là-bas. Mais beaucoup ont besoin de clarifier pour eux-mêmes leur histoire passée, de se confronter aux problèmes de leurs origines, avant de construire définitivement leur vie ici.

Ils nous disent qu'ils ne cherchent pas des parents, ils en ont déjà, ils savent très bien qui ils sont : ceux qui les aiment, au quotidien, depuis des années ; ils les aiment en retour, avec une certaine ambivalence parfois, ce qui est très ordinaire et très normal. Mais il y a, dans leur vie, un blanc au départ qui trouble leur sentiment d'identité. Un vide au milieu d'une biographie, c'est déjà douloureux, cela laisse des traces, des effets négatifs, comme nous l'avons vu avec les exemples d'Anny Duperey, Georges Perec et Ari Folman ; mais un vide au commencement [13], c'est comme si toute la

13 On peut comparer la situation de nos enfants avec celle des jeunes nés d'une IAD (insémination avec sperme de donneur) et qui demandent la levée de l'anonymat de leur donneur. Eux aussi évoquent une souffrance liée à un trouble d'identité, eux aussi assurent ne pas chercher un père. Ni, et c'est déjà plus étonnant, leur identité génétique. Quand on propose à l'un d'eux

vie se construisait sur des sables mouvants et manquait d'un fondement solide.

Ces jeunes, semble-t-il, veulent tout simplement connaître la personne ou les personnes à qui ils doivent d'être nés : nom, visage, histoire de vie. Faire naître, ce n'est pas rien ! « Être né de », c'est tout de même quelque chose ! On ne peut quand même pas leur dire que la naissance est essentielle pour tous les autres (regardons les émotions qui l'entourent dans nos sociétés) mais pas pour eux. Ils cherchent non pas à demander des comptes, mais à comprendre pour se réconcilier avec leurs débuts dans la vie. Comprendre pour faire du sens, parce que c'est un besoin fondamental pour l'homme. Et se réconcilier avec son passé, pour disposer d'un récit de vie intérieur représentable. Qui nierait que cette réconciliation soit essentielle ? Ils se posent des questions légitimes : « Qui m'a donné naissance ? », « Pourquoi m'a-t-on abandonné ? », « Quelle a été l'histoire d'amour ou de mésamour de ceux qui m'ont donné la vie ? », « Que sont-ils devenus ? », « Ont-ils eu d'autres enfants ? » Il ne s'agit pas là d'un « primat du biologique » mais de l'importance d'une histoire qui lie des humains les uns avec les autres. Ils veulent entendre un récit ; ils souhaitent l'entendre de la bouche d'une personne humaine ; une assistante sociale ou une nourrice, cela leur suffira parfois. Ils ont besoin d'une narration pour commencer à « écrire » dans leur tête leur biographie.

Faudrait-il alors encourager ces jeunes à aller à la recherche, à la rencontre de leurs origines ? Rien n'est moins

---

« puisque le biologique [lui] importe tant » une analyse de son ADN, il se récrie : « Vous n'avez rien compris ! Cela ne m'intéresse pas du tout de connaître mon ADN ! Je me fiche de mon ADN ! Il s'agit de tout autre chose » (Irène Théry, *op. cit.*, p. 240). Tout autre chose, mais quoi ?

sûr et surtout rien n'est généralisable. Il ne faudrait pas non plus que le droit aux origines se transforme en une nouvelle idéologie : une obligation sociale de recherche. Ne pas chercher à savoir ou chercher à savoir sont deux positions aussi légitimes et respectables l'une que l'autre. Elles peuvent d'ailleurs se relayer au cours d'une vie. On a aussi le droit de se contenter de ce qu'on sait déjà, le droit de rêver, de ne pas vouloir remuer le passé, de préférer ne pas connaître une vérité qui peut être triste. On peut, en somme, faire valoir son droit à l'oubli [14].

D'autant que la recherche peut s'avérer décevante. On peut, après moult recherches, ne retrouver qu'un dossier vide. On peut, après avoir obtenu un nom ou une adresse, être reçu sur le pas d'une porte, par une mère d'origine qui sera dans le déni, qui aura tourné la page et n'aura aucune envie de renouer quoi que ce soit. On peut être déstabilisé pendant plusieurs années par des retrouvailles qui ont pourtant été bien vécues. On peut encore retrouver une mère restée enchaînée à un moment tragique de son passé, en besoin de parler de ses souffrances à elle, d'être consolée, soutenue affectivement et/ou financièrement [15]. C'est pourquoi la plupart des législations n'autorisent la recherche des origines qu'au-delà de l'âge de la majorité légale, à un moment où les liens de filiation sont suffisamment

---

14 L'oubli n'est ni le déni ni le refoulement, c'est un « pouvoir actif » qui permet d'être présent au présent (voir F. Nietzsche, *La Généalogie de la morale*, Gallimard, coll. « Idées », Paris, 1968, p. 76).

15 Comme en témoignent, dans leurs livres, Céline Giraud qui « trouve un peu lourd d'être chargée de famille à vingt-six ans » (Céline Giraud, *J'ai été volée à mes parents*, Stock, coll. « Poche », Paris, 2008) et Amy Homes : « Qui est le parent, qui est l'enfant ? Je ne peux quand même pas dire à ma mère que je n'ai pas besoin d'une enfant de cinquante ans ! » (Amy Homes, *Le Sens de la famille*, *op. cit.*, p. 44).

intériorisés pour ne pas être remis en question, et où la personnalité est assez solide pour prendre le risque de cet inconnu.

Connaître l'identité ou l'histoire de ses parents de naissance n'a en soi rien de thérapeutique, cela ne donne pas une identité plus satisfaisante ou une meilleure estime de soi. Ce qui est salvateur, en revanche, c'est le sens qu'on peut donner au passé. Aucun passé n'a son sens en lui-même, aucun début de vie n'est par lui-même merveilleux ou sordide. S'il y a, dans ce passé, des faits plus difficiles à accepter que d'autres (dans les cas extrêmes, être né d'un viol ou d'un inceste), c'est toujours nous qui en choisissons librement la valeur. Pour une personne adoptée, c'est sans doute plus facile quand elle sait quelque chose que quand elle se heurte à un vide total et irrémédiable. Mais chacun de nous choisit son roman des origines, roman puisqu'il entremêle vérités de fait et fantasmes, mémoire et capacité de rêver. Tous les jeunes « abandoptés [16] » ne peuvent-ils pas se dire que leur mère n'avait guère le choix et que, telle la bonne mère du mythe de Salomon, elle a su vouloir pour son bébé un avenir où elle n'aurait aucune place. Lui signifier, en quelque sorte, selon le titre d'un beau film d'adoption : *Va, vis et deviens*. Une histoire somme toute intelligible et acceptable...

Ce n'est peut-être pas tant l'origine en elle-même qui fait problème que le fait d'intégrer sa propre histoire telle qu'elle s'est effectivement déroulée, de lui donner du sens et de l'accepter comme sienne, de s'en percevoir comme le

---

16 Ce joli néologisme est dû à Andres Viret, *Abandopté ou le récit d'une vie magnifique*, édition à compte d'auteur, Lausanne, 2009.

sujet. La psychologue Françoise Vallée [17], qui travaille dans un service d'adoption, se dit de plus en plus convaincue que, pour aider un jeune adopté en souffrance, il faut l'aider à intégrer sa propre histoire dont il ne sait presque rien. Non que les parents lui aient tu quelque chose. L'enfant connaît en général assez bien la quête d'enfant de ses parents, leurs raisons d'adopter, la longueur des démarches et de l'attente, etc., mais il connaît beaucoup moins sa propre histoire, dont ses parents eux-mêmes ne savent pas grand-chose. De surcroît, il est fréquent qu'il oublie ce qu'on lui a dit, « ils ne veulent pas le savoir » ! Seule alors parfois la couleur de la peau fait lien avec le passé. Lorsqu'un enfant ne s'approprie pas sa propre histoire, rien ne peut tenir en place dans sa vie, rien ne fait sens, le puzzle explose et tout vole en éclats. Le jeune commence à se construire avec une identité cohérente et à se représenter un avenir, un sens à sa vie, lorsqu'il a accepté d'intégrer sa propre histoire, y compris ses origines si mal repérées.

Continuité de soi et récit de vie

« Une vie, dit Paul Ricœur, c'est l'histoire d'une vie en quête de narration. Se comprendre soi-même, c'est être capable de se raconter sur soi-même des histoires intelligibles et acceptables, surtout acceptables [18]. » Se doter d'un récit identitaire lisible et suffisamment satisfaisant, repris, corrigé, enrichi, aux différents stades de la vie, est

---

17 Coauteur, avec Sophie Marinopoulos et Catherine Sellenet, du livre *Moïse, Œdipe et Superman*, Fayard, Paris, 2009.

18 Paul Ricœur, « La souffrance n'est pas la douleur », *loc. cit.*, p. 2.

certainement important pour tout homme véritablement humain. Cela nous semble encore plus important pour nos « abandoptés » ; ils ont une identité confuse, mais aussi une histoire singulière, des appartenances multiples et, partant, une grande richesse intérieure potentielle. Point n'est besoin d'être écrivain pour tenter d'entreprendre ce récit. Il pourra prendre bien des formes : des confidences à un proche, une psychothérapie analytique, un témoignage, une lettre, un conte, un cahier intime, un film ou un poème... Il évoquera ce qu'on sait ou ce qu'on imagine de la famille d'origine, ce qu'on a vécu au sein de la famille adoptive. Il ne taira pas les moments de doute, d'errance ou de désespoir. Il inclura les grandes rencontres. Il entrecroisera bien des fils. « Je suis celui qui... a failli mourir... a tué sa mère à la naissance... a été délinquant... » ; « Voilà, c'est moi, je suis comme ça, dit Boris Cyrulnik, à prendre ou à laisser [19]. » Mais les confidents d'un tel récit ne peuvent qu'en être émus ou touchés, ils prennent toujours, ils ne laissent jamais et son auteur en éprouve un singulier réconfort.

On l'aura compris, ce récit entremêle nécessairement le réel et l'imaginaire, et c'est très bien ainsi, c'est ainsi pour tout être humain. La condition pour y parvenir n'est pas de tout savoir de son passé (tout se rappeler et tout connaître), mais d'être en paix avec soi-même, d'avoir suffisamment développé son estime de soi pour assumer sa vie telle qu'elle s'est déroulée.

---

19 Boris CYRULNIK, *Un merveilleux malheur*, *op. cit.*, p. 106.

Construire son ipséité (1) : se trouver par la pratique d'activités artistiques

L'identité n'est pas seulement ce qui nous fait semblable à nous-même malgré les crises et les accidents de la vie, mais aussi ce qui nous rend autre que tout autre (ce que nous avons appelé plus haut, l'ipséité). Alors que le premier aspect regarde plutôt en direction du passé, le second nous ancre dans le présent et nous permet de nous tourner vers l'avenir. Il s'agit de se choisir, de prendre conscience de sa personnalité unique, de ses goûts, de ses talents et de les exprimer dans le présent à la faveur d'activités librement choisies.

Toute activité choisie et menée avec passion donne sens et valeur à notre vie, participe à la construction de l'identité. Par ailleurs, une passion est le plus souvent partagée avec d'autres : le même amour du foot, de la planche à voile, de l'aéromodélisme ou de la collection de papillons... Dans tout groupe constitué autour d'une activité commune, les différences sont minorées au profit de la passion qui rapproche. L'origine et la couleur de chacun y prennent alors moins d'importance. Ce qui unit est plus fort que ce qui sépare : assez juste définition de ce qu'est un groupe d'appartenance !

Au sein des activités librement choisies, nous ferons toutefois une place privilégiée aux activités artistiques. Les enfants adoptés nous semblent là particulièrement concernés. Affirmation que nous justifierons par quelques références liminaires.

D'une part, l'observation faite par de nombreux parents adoptifs que leurs enfants, même en difficulté, voire en échec scolaire, sont doués de talents artistiques et intéressés par ce type d'activité : jeunes qui écrivent des poèmes (du rap, aussi bien) ou tiennent leur journal, enfants qui dessinent ou peignent, qui dansent, qui pratiquent l'art dramatique au sein d'un atelier et composent eux-mêmes des spectacles, etc. Non pas des jeunes qui reproduisent habilement la création d'autrui (nous ne notons pas une fréquence significative d'instrumentistes en musique, domaine dans lequel on commence par acquérir une technique et jouer les œuvres des autres), mais bien des jeunes qui s'expriment dans le domaine artistique. Et qui semblent en éprouver un vif besoin.

En second lieu, l'autorité de Boris Cyrulnik, qui pointe l'importance des activités artistiques chez les victimes de traumatismes lourds les plus résilientes, « le dessin pour les petits, l'écriture pour les plus grands », précise-t-il. « L'écriture rassemble en une seule activité le maximum de mécanismes de défense : l'intellectualisation, la rêverie, la rationalisation et la sublimation. Elle permet en même temps de s'affirmer, de s'identifier, de s'inscrire dans une lignée glorieuse, et surtout de se faire accepter tel qu'on est, avec sa blessure [20]. »

Enfin les nombreuses thèses psychanalytiques qui expliquent comment l'art permet aux artistes d'assumer et de sublimer leurs difficultés personnelles, et comment il leur donne accès à la création de leur identité. Nous citerons ici encore le psychanalyste Jacques Lévine, passionné lui-même par la peinture, lors d'un colloque « Art et inconscient [21] ».

---

20 *Ibid.*, p. 178.

21 Jacques Lévine, « Fonctions de l'image dans l'histoire de la peinture », Art et Inconscient, conférence à Cahors, en 2002.

Après avoir rappelé les thèses de Donald Winnicott sur la manière dont le bébé s'accompagne de l'image de sa mère pour supporter son absence, il dit : « Peindre, c'est faire comme le bébé, rendre présents, présentifier, des objets complétants, présumés protecteurs et alliés, dont on a l'absolu besoin pour élaborer son sentiment d'identité. C'est donc se créer soi-même en tant que fait de l'autre et en tant que faisant l'autre. » L'image substituée à l'absence, explique-t-il plus loin, est réparation de la cassure du lien.

Le caractère bienfaisant et réparateur d'une pratique artistique, dans le cas des « enfants » adoptés, peut se décliner sur plusieurs axes :

– Créer, c'est mettre en scène la part inacceptable de soi, sans danger, dans un espace hors menace et sous une forme socialement acceptable. « Il existe dans le psychisme un espace de médiation [qui] a comme propriété paradoxale que nous pouvons y affronter toutes les sortes de menaces qui pèsent sur nous, tout en étant hors menace. [...] Prenons l'exemple du théâtre. La scène est le lieu où les acteurs affrontent les pires menaces en provenance d'individus ou de groupes ; et pourtant, en même temps, ils sont hors menace. Chaque art est fondé sur l'existence d'un espace de ce genre. Le cinéma nous présente les pires horreurs, mais nous savons que nous en sommes protégés. [...] Écrire sur soi-même, c'est se confronter aux menaces qu'on porte en soi, à partir de pages blanches qui représentent un lieu de protection [22]. »

L'enfant qui dessine ou peint des scènes terrifiantes avec des couleurs violentes met hors de lui, à distance de lui, dans l'espace public, ses obsessions, ses haines, ses désirs de

22 Jacques LÉVINE, *JE est un autre*, ESF Éditeur, Paris, 2001, p. 77.

vengeance... Et il s'en trouve soulagé. Cependant que l'entourage, même s'il n'y comprend rien, approuve en général que l'enfant se livre à ce type d'activité, lui en fait compliment. Et ce qui vaut pour l'enfant reste vrai tout au long de la vie.

– Créer, c'est entrer dans un groupe d'appartenance valorisé. C'est à la fois, dans l'imaginaire, appartenir au monde des créateurs, et dans le réel quotidien, si l'on fréquente un atelier d'expression, appartenir au groupe qui s'est alors constitué autour d'une passion commune, le plus souvent sans esprit de compétition, sans note et sans norme. L'appartenance à un groupe d'activité artistique est beaucoup moins menaçante pour le narcissisme de nos enfants que l'appartenance à un groupe-classe. Nous ferons une exception pour les conservatoires et écoles de musique, qui pratiquent tôt examens de fin d'année et sélection, et supposent donc chez leurs élèves une solidité intérieure pour affronter un risque d'échec [23]. Les chorales n'ont pas cet inconvénient, et certaines pratiques musicales savent contourner l'obstacle.

La pratique d'une activité artistique, en elle-même, dote d'un supplément de capital narcissique dont on a bien besoin lorsqu'on a une mauvaise image de soi, et l'approbation sociale qui entoure ce type d'activité a le même effet.

– Créer, c'est accepter des limites, contenir, donner forme. Si la rêverie a une dimension réparatrice, comme le dit Boris Cyrulnik, elle a l'inconvénient de maintenir dans une toute-puissance imaginaire. La création, au contraire,

---

23 Nous ne voulons pas dire par là que la fréquentation d'un conservatoire est contre-indiquée pour nos enfants ! Mais qu'elle mérite surveillance et attention, qu'elle peut être subordonnée à la forte motivation de l'enfant et à sa capacité de résister sans effondrement à une contre-performance.

oblige à rencontrer les limites du réel – les mots pour le dire, les couleurs qu'on ne peut pas mélanger n'importe comment, le bord de la feuille qu'on ne peut pas dépasser, le corps qui résiste aux désirs du danseur, etc. Elle autorise des excès mais reste contenante, ne permet pas tout. L'enfant furieux commence par déchirer sa feuille, par gribouiller de noir son dessin... Il se bat avec ses fantasmes, ses démons, dans le temps même où il les expulse. C'est ce combat de soi avec soi qui a valeur de construction du JE. Il renvoie à une responsabilité de soi-même : on ne peut faire porter à d'autres ses ratés, qu'il faut assumer comme on le fait pour les réussites.

– Créer, c'est construire son ipséité. Une œuvre artistique, aussi modeste soit-elle, aide à mettre de l'ordre et du sens dans son monde intérieur. En créant, je me crée. Toute création est aussi création d'identité. Ce que montre très bien le film : *Les Rêves dansants : sur les pas de Pina Bausch*[24]. Ce documentaire décrit la recréation, un an avant la mort de la célèbre chorégraphe, d'une de ses pièces (*Kontakthof*) par des adolescents ordinaires venus, pour la plupart, de ce qu'on appelle les quartiers, les banlieues ou les cités. Ces jeunes n'ont jamais pratiqué la danse, ignorent jusqu'au nom de Pina Bausch, ils ont seulement répondu à une petite annonce postée dans leur lycée sans bien savoir pour quelle aventure ils s'embarquaient. Ils ont passé près d'une année à répéter la pièce en compagnie de deux monitrices et de Pina Bausch en personne. Ils sont les personnages principaux du film. Ce dernier nous montre d'abord ce que veut dire apprendre à danser : un effort et une discipline, un

---

24 *Les Rêves dansants, sur les pas de Pina Bausch*, film réalisé par Anne Linsel et Rainer Hoffmann, 2010.

corps avec lequel on est peu à l'aise à cet âge et qu'il faut apprendre à délier, la recherche d'émotions enfouies au plus profond de soi pour le rendre expressif, la joie de réaliser un travail d'équipe. Il nous permet ainsi de revisiter certains points que nous avons déjà soulignés : la valorisation apportée par l'appartenance à un groupe, le fait de devoir se battre avec ses limites et la réalité, la dimension d'exploration de soi qu'implique toute activité artistique.

Mais le film montre aussi, et surtout, comment la pratique d'un art aide à la construction de l'ipséité. C'est leur mémoire consciente et inconsciente, leur expérience de la vie, qui permet à ces adolescents de modeler les mouvements de leur corps, d'une manière qui devient, au fil des répétitions, de plus en plus sensible et juste. La découverte de la danse va alors de pair avec une découverte d'eux-mêmes. Les scènes de danse sont d'ailleurs entrecoupées d'interviews où les ados parlent aux réalisateurs de leurs humiliations, de leurs souffrances, de leurs haines et de leurs amours, en un mot, de ce qui fait le cœur de leurs jeunes vies. « Ils ont déjà tout vécu », constate avec étonnement, une de leurs accompagnatrices ; et ils deviennent capables d'en parler. L'un parviendra à confier son expérience de la guerre, un autre, les discriminations qu'il subit en raison de son origine ethnique, une troisième trouvera les mots pour évoquer la perte de son père. Danser, c'est beaucoup plus que danser. La danse s'accompagne, pour eux, d'une prise de conscience de qui ils sont ; une manière d'accéder à un début de récit de soi.

Construire son ipséité (2) : se choisir, s'engager dans la vie

Ce qui oriente une vie et lui donne sens, ce sont des engagements durables (même s'ils peuvent être rompus) : choix d'un style de vie qui se concrétise le plus souvent par un choix professionnel et par le choix de partenaires de vie : un compagnon ou une compagne le plus souvent, des amitiés solides. Ce qui construit l'identité adulte par rapport à la toute-puissance imaginaire de l'enfance, c'est le fait d'accepter que tout choix soit aussi un renoncement, que tout ne soit pas possible.

Pour certains jeunes, cette étape peut prendre du temps. Une condition pour accéder à l'ipséité et s'engager dans la vie est d'avoir dépassé une forme de honte, acquis un minimum d'estime de soi et clarifié en soi certaines choses. Une première étape nous semblerait d'avoir dépassé les préjugés sociaux qui entourent l'abandon et la honte d'être celui qu'on est. La honte, nous l'avons dit, est toujours destructrice. Il est alors important de prendre une conscience aiguë que nul n'est responsable de sa naissance ou de ce qui lui est arrivé dans sa petite enfance. Rester dans l'amertume, le ressentiment, s'aigrir, c'est la plus sûre manière de manquer sa vie. Accepter, c'est le commencement de la sagesse. Mais cela n'a rien de facile. On peut alors schématiquement distinguer trois manières d'entrer dans l'âge adulte :

– une entrée de plain-pied, choix d'un cursus et d'un métier avec formation et diplôme, quête d'emploi, expériences amoureuses bien vécues, le tout pouvant constituer un parcours linéaire ou un slalom au milieu des obstacles (changement d'orientation, de partenaire amoureux, difficultés budgétaires en fin de mois, etc.), mais vécu globalement sur le mode de l'initiation heureuse. Ceux des jeunes adoptés qui, à la suite d'une scolarité normale ou grâce à des rencontres heureuses dans leur jeune vie d'adultes, nouent une relation amoureuse solide et trouvent un emploi satisfaisant, ont évidemment toute chance de se sentir appartenir désormais à leur nouvelle cellule familiale et au monde des adultes. Mais ce ne sont peut-être pas les plus nombreux ;

– une succession de courtes expériences tant professionnelles qu'amoureuses, expériences auxquelles le jeune met souvent un terme le premier parce que le moindre reproche, le moindre doute sur lui-même, sur sa compétence professionnelle, sur sa valeur aux yeux de son partenaire, lui sont insupportables. « Je le quitte avant qu'il me quitte », « On m'a fait une réflexion sur mon travail et j'ai donné ma démission » ou « Je n'y suis pas retourné le lendemain ». Mais chaque expérience fait avancer d'un pas, apprend quelque chose au jeune sur lui-même, constitue une étape d'un parcours de vie qu'il construit lui-même et qui le construit. Même après une adolescence tumultueuse, cette évolution est celle de beaucoup de jeunes adoptés entre vingt et trente ans. Elle signe la prise en main de leur vie ;

– une entrée à reculons : le jeune semble tourner le dos à l'âge adulte, ne fait aucun projet d'avenir, se met en échec, fait en sorte de ne rien construire. Un certain nombre de jeunes semblent tirés en arrière par le passé : ils refusent de pactiser avec la société telle qu'elle est (mais ne s'engagent pas non plus dans une contestation active et structurée) et de courir le risque d'une vie adulte conforme à la normalité d'aujourd'hui. Ils semblent choisir la marginalité. Ce refus, ou plutôt cette impossibilité peuvent concerner les deux domaines clefs de l'entrée à l'âge adulte : la vie amoureuse et la vie professionnelle. Dans les faits, c'est surtout la vie professionnelle qui constitue l'obstacle majeur. C'est souvent l'absence de travail et de désir de travailler qui condamnent à l'échec leurs relations amoureuses (sauf lorsque les deux partenaires sont également marginaux). Nous nous trouvons alors en présence de jeunes qui connaissent, pour la plus grande inquiétude de leurs parents, des années d'errance ou de quasi-errance. Pour certains d'entre eux, ces années succèdent à une adolescence déjà très perturbée, avec absentéisme scolaire, consommation de drogues, fréquentations douteuses... Pour d'autres, il s'agit d'un effondrement spectaculaire et totalement inattendu à l'entrée dans l'âge adulte. Y a-t-il là une pathologie que la psychiatrie saurait soigner, une lucidité désespérée, ou encore une étape de vie (peut-on y voir un véritable choix ?) à respecter ?

C'est l'avenir qui donnera un sens rétrospectif à cette période de vie, selon qu'elle se prolongera vers une désocialisation marquée ou permettra une sortie « par le haut » avec la richesse humaine que donne la traversée d'une épreuve surmontée. Il est essentiel que les parents gardent confiance en la force de vie du jeune, restent ouverts à l'éventualité de son retour dans l'espace social, en sorte que leur enfant reste tenu intérieurement par ce fil invisible qui le rattache, bon gré mal gré, à sa famille. Si la famille renonce à tout espoir, le jeune adulte vit intérieurement un second abandon qui le conforte dans sa conviction qu'il n'a place nulle part dans cette société.

Envisager une « sortie par le haut », est-ce naïveté de notre part ? Manière de leurrer des parents en souffrance (et des jeunes en souffrance) ou d'éloigner de nous le spectre de l'échec ? Nous ne le croyons pas. Nous savons que l'échec reste une issue possible, la plus vraisemblable peut-être même. Mais nous tenons à souligner aussi que de nombreux parcours de vie hors norme, en particulier les parcours d'artistes, d'acteurs sociaux, de créateurs d'entreprise, ont comporté ces mêmes années d'errance.

Il suffit de lire des biographies d'hommes illustres, ou tout simplement de regarder autour de nous parmi nos amis, pour constater que ceux qui ont à nos yeux les vies les plus riches, les mieux remplies, les plus « réussies » (comment le dire autrement ?) sont très souvent ceux dont l'itinéraire a été le moins prévisible, le moins conforme aux attentes de la société, le moins linéaire. Certes, nous pouvons tous rêver pour nos enfants d'un parcours scolaire sans faute suivi d'une école d'ingénieurs et d'un poste de cadre dans une entreprise ou une administration ; c'est rarement ce type de parcours qui voit éclore les vocations artistiques et créatrices de ceux qui marquent leur temps et contribuent à dessiner des voies novatrices.

Or nos enfants sont déjà par leur histoire des novateurs, ils préfigurent un monde plus métissé, plus ouvert à l'altérité, dans un environnement qui y résiste. Leur histoire individuelle prend sens aussi sur un fond de mutation sociétale, conflictuelle comme le sont toutes les grandes mutations de l'histoire. Comment s'étonner alors que leurs choix de vie soient plus complexes, plus difficiles à assumer ?

Sans doute faudrait-il les aider à garder confiance en eux, à positiver leurs errances, à croire qu'ils peuvent réussir mais que cela leur demande de fait plus de temps qu'à d'autres, qu'ils ont devant eux une pluralité de chemins à essayer, des chemins qui n'ont pas été frayés par d'autres, où ils doivent s'inventer eux-mêmes.

Quand ils se seront enfin réconciliés avec eux-mêmes, ils pourront se retourner vers les zones de turbulence, d'errance ou de souffrance pour se demander pourquoi ils ont dû en passer par là et pour commencer à comprendre que toutes les « bêtises » qu'ils ont pu faire, si elles ne sont pas sans conséquences, recélaient aussi une forme cachée de sens et d'intelligence. Les démotivations, la déscolarisation, les vols, la drogue, les fugues, la rue, les errances sentimentales ou sexuelles, les scarifications, les tentatives de suicide, etc. ne sont pas des « bêtises » gratuites, ce sont parfois des passages obligés, des manières de lutter contre sa souffrance, des « moindres maux » malgré tout ! Ils ne savaient pas encore faire autrement.

Se demander pourquoi, à un certain moment, on n'a plus eu besoin de tout cela, comment on s'en est sorti, c'est justement commencer à prendre conscience de son histoire, commencer le récit de soi. Comme l'a fait avant eux Charles Juliet, aujourd'hui écrivain reconnu, hier encore « raté » à ses propres yeux comme à ceux des autres. Qu'on en juge plutôt…

Excursus

L'exemple de Charles Juliet

Nous montrerons ce que peut être la construction de l'identité narrative et de l'ipséité à travers un exemple littéraire auquel nous avons déjà fait allusion. *Lambeaux*, l'œuvre maîtresse de l'écrivain Charles Juliet, est le magnifique récit de soi d'un « abandopté ». Il n'est pas étonnant que nous y retrouvions certains points que nous avons déjà soulignés auparavant.

Né en 1934, à Jujurieux, dans l'Ain, au sein d'une famille paysanne, Charles Juliet est abandonné à un mois par ses parents après la tentative de suicide et l'internement de sa mère. D'abord recueilli par des voisins, il est confié, à l'âge de trois mois, à une autre famille paysanne toute proche qui deviendra sa vraie famille. À vingt-trois ans, il abandonne brusquement ses études de médecine pour devenir écrivain. Un écrivain qui, durant des années, échouera à vraiment écrire ; avant de devenir un auteur reconnu.

Charles Juliet a expliqué, à plusieurs reprises [1], la longue et difficile genèse de *Lambeaux*. Comme pour de nombreux enfants adoptés, pendant son adolescence, sa mère de naissance est, pour lui, « une absente tendrement aimée » à laquelle « il ne cesse de rêver [2] ». Comme d'autres, il souhaite alors lui écrire une lettre sans y parvenir. Puis, pendant des années, et là encore comme beaucoup, il s'efforce d'oublier ce pan de son histoire. En 1983 – il est âgé de quarante-neuf ans –, sous le coup d'une impulsion subite, il reprend son projet de lettre. Il écrit alors une dizaine de pages qui formeront le début de *Lambeaux*. Puis il abandonne parce que la charge affective est trop lourde. C'est trop douloureux, il ne peut tout simplement pas continuer.

Passent les jours et passent les années. Il ne reprendra son récit que neuf ans plus tard, à la suite de rencontres avec des personnes qui ont connu sa mère et lui ont appris certains éléments de sa personnalité et de son histoire. Il écrit alors la première partie de son livre : le portrait d'Hortense Juliet. Mais après l'avoir achevée, il lui semble évident qu'il ne peut s'en tenir là, qu'il lui faut aussi parler de sa famille adoptive, sa mère essentiellement, et surtout parler de lui-même, de son histoire et de sa relation avec ces deux mères que la vie lui a données. Cela fera la seconde partie de son livre. Cette genèse explique à la fois la structure bipartite de l'œuvre et le choix énonciatif qui en fait l'originalité, à savoir l'emploi constant de la seconde personne du singulier : un tutoiement par lequel l'auteur s'adresse d'abord à la mère morte et ensuite à lui-même.

---

1 Charles Juliet, *D'une rive à l'autre (Entretien avec Cypris Kophidès)*, Diabase, Plancoët, 2006, p. 104-108 ; *Journal VI, op. cit.*, p. 151.

2 Charles Juliet, *Journal VI, op. cit.*, p. 139.

« 1983-1995 » : ces deux dates sont, si l'on ose dire, les derniers mots de l'ouvrage : un récit commencé à l'âge mûr et qui exige douze années pour être mené à son terme. Un vrai récit de soi ne peut guère se faire avant la seconde moitié de la vie et une vie qui commence par une « abandoption » ne peut peut-être s'accomplir que tardivement. Elle exige une inépuisable réserve de patience, de courage et d'espérance. Les années d'oubli ou de sécheresse sont des années de latence. Elles ne sont pas inutiles. Une maturation s'accomplit, plus ou moins consciemment et en silence. Ces douze années sont, dans notre exemple, ce qui permet à Charles Juliet de commencer à se comprendre, d'oser affronter les événements tragiques de son enfance et de trouver la distance affective nécessaire pour arriver à se raconter.

Parce que le portrait d'Hortense Juliet reprend le projet de lettre de l'adolescent, le « tu » s'impose assez naturellement. Le but est alors : « Te ressusciter, te recréer, te dire au fil des ans et des hivers avec cette lumière qui te portait mais qui, un jour, pour ton malheur et pour le mien, s'est déchirée [3]. »

Le portrait tient alors de l'éloge funèbre, éloge qui retrace les grandes étapes d'une vie, souligne les traits caractéristiques d'une personnalité mais qui affirme aussi le lien d'amour et/ou d'estime qu'on garde avec le disparu : une manière, en somme, de le garder vivant en nous. En parlant de sa mère, en lui parlant, Charles Juliet, en effet, la ressuscite et il crée, par là, la relation intime qu'il aurait dû avoir et dont il a été privé, ce qui est une forme de réparation. Faire le portrait de sa mère, c'est aussi, pour lui, écrire le début de

---

3 Charles Juliet, *Lambeaux*, *op. cit*, p. 8.

son autobiographie. Une autobiographie ne commence jamais par dire « je ». Elle évoque d'autres que soi : les parents, les grands-parents, elle inscrit dans une lignée d'appartenance pour aller à la rencontre du mystère d'une naissance. Ce roman des origines est, pour l'auteur, le moyen de coudre ensemble les « lambeaux » de son histoire pour retrouver la continuité de soi, aspects essentiels de l'identité sur lesquels nous avons insisté plus haut.

Le portrait que l'auteur trace de lui-même nous donne accès à la vie intérieure d'un enfant, d'un adolescent, d'un adulte adopté. Nous avons déjà évoqué certains passages qui témoignent de la construction particulière de l'identité dans l'enfance. Nous insisterons ici sur certaines caractéristiques de l'âge adulte. Charles Juliet se peint sans complaisance et dit ne guère s'aimer. Le « sentiment de ne rien valoir [4] » ne le quitte que rarement. Il y reviendra dans son *Journal* en confiant sa hantise d'être un « raté ». C'est d'ailleurs ainsi (il l'apprendra de la bouche d'un tiers) que le voient ses beaux-parents : « Ces pauvres gens n'ont pas eu de chance », leur fille a épousé un écrivain manqué, pour le dire tout net, « un bon à rien » ! « Ce qu'ils pensaient de moi, commente Juliet, c'est exactement ce que je pensais moi aussi [5]. » N'est-ce pas aussi souvent le regard dévalorisant que l'on porte sur les jeunes adoptés quand ils échouent à satisfaire à certains critères, un regard qu'il leur est difficile de ne pas intérioriser.

L'autoportrait révèle aussi la déchirure interne, le clivage entre un moi social adapté et un moi intérieur fait de blessure, de doute et de fragilité. Quand à l'âge d'homme l'auteur se débat pour trouver son identité, des cauchemars

---

4 *Ibid.*, p. 81.
5 Charles Juliet, *Journal VI*, *op. cit.*, page 11.

récurrents expriment cette division : « C'est ton visage qui t'apparaît coupé en deux comme si une hache s'était abattue sur ton crâne et t'avait fendu la tête [6]. »

Dans un autre passage, le narrateur fait allusion à un projet d'écriture qui aurait mis en scène deux frères : l'un eût été un écrivain, lui-même ; l'autre le paysan qu'il serait sans doute devenu s'il n'y avait eu l'adoption. « Que serais-je devenu si... » : une question qui hante certainement, à bien des moments de leur vie, les personnes adoptées. De l'homme qu'il aurait été, Charles Juliet affirme avec force, qu'une chose est, pour lui, certaine : il n'aurait aucunement « ressenti le besoin d'écrire [7] ». Ce qui confirme une de nos observations précédentes : il y a chez nos enfants un besoin de création artistique lié à leur histoire et, partant, des talents pour cela.

L'autoportrait culmine enfin dans un aveu, celui de se sentir coupable de la maladie et de la mort de la mère de naissance : « Une nuit, lors d'une insomnie, fulgure cette évidence : si tu n'étais pas né, elle n'aurait pas connu un tel destin. Tu es responsable de son effondrement. Tu as causé sa mort et tu en as toujours porté en toi l'obscure conscience. Comment peux-tu encore t'accorder le droit de vivre [8] ? »

Toutes les mères qui abandonnent, et c'est heureux, ne finissent pas à l'asile. Il est néanmoins facile d'imaginer le désarroi et la souffrance qui entourent la naissance de ces enfants qu'elles ne pourront pas élever. Avoir été pour sa mère un malheur : cette culpabilité sans faute pèse lourd sur

---

6 Charles JULIET, *Lambeaux*, *op. cit.*, p. 106.
7 *Ibid.*, p. 112.
8 *Ibid.*, p. 110.

la vie de nos enfants. Charles Juliet y voit l'une des origines de ses difficultés à écrire. Pour ceux, évidement les plus nombreux, qui ne se sentent pas la vocation de devenir écrivain, on peut y voir l'une des origines de leur difficulté à vivre.

Si *Lambeaux* est un livre dur, il n'a pourtant rien d'un livre triste. Plus que le désespoir, la seconde partie montre la lutte contre le désespoir, l'effort constant pour s'éclaircir, s'unifier, être en accord avec soi et participer pleinement à sa vie. L'ouvrage s'achève alors sur une « seconde naissance » : « Tout ce qui te semblait à jamais interdit s'est emparé de tes terres, la paix, la clarté, la confiance, la plénitude, une douceur humble et aimante [9]. »

Ce ne sont pas que des mots. Le *Journal* ultérieur de Charles Juliet, les témoignages qu'on peut recueillir sur lui, montrent à quel point il y aura eu un avant et un après *Lambeaux* et combien l'homme est devenu depuis serein, disponible aux autres et solidaire de l'universel humain. Faire le récit de soi, ce n'est donc pas seulement mieux se comprendre ; c'est se transformer, n'être plus le même et en éprouver un étonnant apaisement. C'est implanter durablement en soi une estime de soi-même et un amour pour les autres et pour la vie. Ce que nous croyons possible, ce que nous souhaitons de tout cœur à nos enfants et à toutes les personnes adoptées qui nous auront fait l'amitié de nous lire jusqu'au bout.

---

9 *Ibid.*, p. 116.

Pour provisoirement conclure

Aujourd'hui, les recherches françaises qui visent à mieux comprendre les enjeux relationnels de l'adoption sont centrées essentiellement sur la théorie de l'attachement [1]. Nous avons fait l'hypothèse, en commençant ce travail, que notre thème « appartenance et identité » pouvait aussi éclairer un certain nombre de problèmes que rencontrent les jeunes adoptés et leurs familles. Si le lecteur est en droit d'en juger par lui-même, nous avons de notre côté le souci de revenir sur cette question initiale. Les problèmes d'appartenance constituent-ils, à côté des problèmes d'attachement, un défi que doit relever toute adoption ? Un défi aussi fondamental, d'une importance comparable ? Qu'apporte de neuf

1 Les recherches sur la théorie de l'attachement dans leur rapport avec l'adoption sont plus anciennes et ont été beaucoup plus nombreuses dans les pays anglo-saxons ou influencés par la culture anglo-saxonne qu'en France. C'est le cas au Québec, et en partie aussi en Belgique. Aujourd'hui, les recherches dans ces pays semblent s'orienter vers l'hypothèse de traumas précoces liés à l'abandon.

notre approche ? Attachement et appartenance, y a-t-il là deux problématiques opposées ?

En premier lieu, elles sont d'abord opposées en ce qu'elles correspondent à deux points de vue différents. Les apports de la théorie de l'attachement rencontrent assez facilement notre compréhension de parents car ils font écho à certaines de nos propres expériences – notre propre forme d'attachement héritée de notre enfance, nos vécus de perte liés aux deuils ou aux aléas de notre vie amoureuse... Ces expériences nous aident à nous identifier à l'enfant abandonné, trahi, blessé. Lorsqu'on interroge des parents adoptifs qui ont vécu des relations difficiles avec leurs enfants, ils parlent d'agressivité, de rébellion, de conduite d'échec et acceptent d'entendre « défis d'attachement », manque de confiance dans la vie, mauvaise image de soi.

Mais lorsque des adultes adoptés évoquent entre eux les périodes difficiles de leur adoption, ou simplement leurs zones d'ombre au sein d'une adoption globalement heureuse, l'approche n'est pas la même. Ils n'évoquent pas leur agressivité ou leurs conduites d'échec ; ils évoquent un malaise, le sentiment de se chercher et de ne pas savoir qui ils sont vraiment, le sentiment de n'être jamais totalement intégrés, totalement à leur place, les maladresses de leur entourage, leur besoin de faire un retour sur le passé pour retrouver la trace de leurs origines, au minimum de régler un problème qui les tire vers le passé. C'est ce constat d'un décalage entre eux et nous qui nous a menées sur cette piste de recherche. Nous avons essayé de nous mettre à leur place sans toutefois partager leur expérience. C'est peut-être ce qui explique notre sentiment de n'avoir pas maîtrisé notre sujet. Seuls des adoptés adultes pourraient peut-être le faire et on ne peut que se réjouir que leur parole émerge de plus en plus dans l'espace public [2].

Précisons au passage que nous ne pensons pas qu'une de ces approches soit plus exacte que l'autre : elles sont, nous semble-t-il, également pertinentes et également subjectives. Nos angles de vue n'étant pas les mêmes, nous n'accédons pas aux mêmes réalités.

En second lieu, il existe cependant, entre ces deux problématiques – celle de l'attachement, celle de l'appartenance –, des points communs, une continuité autour du sentiment de sécurité, de confiance en l'autre et en soi. Mary Ainsworth [3] définit quatre caractéristiques de la relation d'attachement, dont voici les trois premières : elle est une recherche de proximité, elle constitue une base de sécurité qui favorise l'exploration, elle permet un comportement de refuge face à ce qui est perçu comme danger ou comme menace. Or une appartenance, c'est aussi un espace de proximité, une base de sécurité et un lieu refuge. Il s'établit donc une sorte de continuité entre attachement et appartenance : avoir vu disparaître ses premières figures d'attachement mine le sentiment de sécurité et rend ainsi à la fois plus indispensables et plus fragiles les premiers cercles d'appartenance. Le professeur Gillian Schofield [4] va plus loin dans la suggestion d'une continuité entre attachement et appartenance, lorsqu'elle fait observer qu'un être humain

---

2 En plus des œuvres déjà citées, voir, par exemple, la bande dessinée de Jung *Couleur de peau : miel* (Éditions Quadrants, 2 tomes, 2007 et 2008) ; le documentaire de Sarah Lebas *Adoption, blessures secrètes* (France 3, 2011).

3 Si le concept et la première formulation de la théorie de l'attachement sont dus au psychanalyste anglais John Bowlby, les travaux de Mary Ainsworth ont grandement contribué à étayer scientifiquement l'intuition première de Bowlby.

4 Conférence lors d'un colloque sur l'attachement, Paris, 24 juin 2011.

ne peut entrer véritablement en relation qu'à partir d'une base de sécurité. Elle précise que lorsqu'un enfant a une mauvaise image de mère (donc un attachement difficile, non sécurisé, en raison d'une image maternelle initialement défaillante), il peut encore trouver une base de sécurité plus large à l'extérieur, dans sa famille élargie, à l'école, avec ses amis... Il est probablement moins solide intérieurement, plus dépendant de ses sphères d'appartenance pour vivre des relations heureuses. On peut penser que de nombreux jeunes, adoptés ou non, qui se trouvent, du fait des circonstances, avoir développé un attachement peu sécurisé envers leurs parents, compensent ainsi la faille initiale, investissent plus que d'autres dans les cercles d'appartenance à l'adolescence, à la recherche qu'ils sont d'une base de sécurité pour s'avancer dans la vie adulte. Les ressemblances qui les aident à appartenir à un groupe, à une bande, sont alors pour eux essentielles.

Qu'apporte alors de nouveau la problématique « appartenance et identité » ? Elle nous semble mettre l'accent sur des problèmes qui surgissent souvent à partir de l'adolescence : des enfants bien attachés à leur famille, affectueux et confiants semblent alors rattrapés par un conflit de loyauté d'autant plus fort qu'ils se sont mieux attachés. Comme si pour eux un voile se levait : « Je n'appartiens pas vraiment à cette famille, je viens d'ailleurs, mon ancrage premier est ailleurs, je vis ici sur une illusion, un mensonge » ; « Qui suis-je, où est ma place ? » se demandent-ils alors douloureusement. Avec l'attachement, nous touchons à une réalité psychique que la famille est le plus souvent capable d'infléchir, sur laquelle elle peut relativement intervenir. Le sentiment d'appartenance relève, lui, pour une part, de l'imaginaire et laisse les familles dans une impuissance qu'elles ont bien du mal à vivre.

La problématique de l'appartenance a enfin un caractère plus social que celle de l'attachement qui reste plus interne à la famille. Y insister comme nous l'avons fait, c'est constater que les enfants de l'adoption internationale, quand ils quittent leur famille pour entrer dans la société, sont confrontés à un paradoxe majeur : culturellement français, ils sont vus comme des étrangers, sans pouvoir s'identifier à la culture qu'on leur attribue ou se réfugier dans la communauté à laquelle on les rattache. C'est aussi poser la question de l'acceptation par la société française des citoyens venus d'ailleurs, et particulièrement de ceux que leur physique désigne à l'attention de leurs compatriotes comme « différents ». Nous avons posé le problème en termes de bien-être ou de mal-être psychique, et non en termes politiques, mais le contexte politique et le poids d'une opinion figée dans la peur de l'autre, dans la peur de ce monde qui change très vite, ne sont pas non plus étrangers aux difficultés de ces jeunes.

Pour se faire accepter par la société française, l'« étranger » marqué par sa couleur ou son accent a tout intérêt à avoir une bonne situation sociale et une aisance visible. L'accès à ce statut passe le plus souvent par la réussite scolaire, d'où la pression exercée – le plus souvent inconsciemment – par les parents pour que leurs enfants accomplissent une scolarité brillante. C'est parfois le cas. Mais on comprend bien qu'avoir vécu une enfance chaotique, avoir connu la malnutrition ou les coups, avoir séjourné longtemps en institution ou vécu dans la rue, être plombé par une quête d'identité inaboutie ne créent pas les meilleures conditions pour réussir scolairement. Si, en

France, on fait beaucoup pour aider à réussir les jeunes défavorisés au départ quand ils sont scolairement brillants, on ne fait pas grand-chose pour les autres ! Il est probable que lorsque nos enfants se sentent « dévisser », doutent de leurs capacités, ils le vivent comme un rejet hors d'une appartenance sociale et pas seulement familiale ; c'est alors qu'ils peuvent basculer dans la violence ou la marginalité. L'enfant qui avait trouvé sa place dans sa famille découvre en grandissant qu'il ne lui est pas aussi facile de trouver sa place dans notre société.

C'est le regard de cette dernière qu'il conviendrait de changer. Contrairement à ce qu'on affirme souvent, être adopté n'est pas une « chance » mais peut constituer, à des degrés ou des moments variables, un handicap psychosocial. Pourrait-on envisager de mettre en place dans certains cas, en faveur des enfants adoptés – et *a fortiori* de ceux qui sont placés en famille d'accueil – une « action positive » (terme que nous préférons à celui de « discrimination ») : suivi individualisé à l'école, lycées de la seconde chance, déplacement de la limite d'âge pour certaines formations ou concours, crédit-formation à utiliser n'importe quand dans la vie...

Nous terminerons toutefois sur une note d'espérance. La double appartenance, si elle est bien vécue, constitue une richesse inestimable [5]. Avec les enfants de migrants et ceux qui sont issus des couples mixtes, les jeunes adoptés, majoritairement issus de l'adoption internationale, sont aux

---

5 Nous prendrons l'exemple de l'accordéoniste Sébastien Bertrand, libanais d'origine, Vendéen d'adoption : son spectacle « Le chemin de la belle étoile » (c'est l'adresse officielle de sa famille !) mêle les airs du marais poitevin aux vibrations de la musique méditerranéenne et raconte la quête apaisée de sa double identité.

premières lignes d'une génération en passe de faire craquer le cadre étroit des frontières, d'échapper aux préjugés nationalistes, de comprendre la révolte des exclus, d'anticiper un monde moins cloisonné, plus métissé, plus solidaire. Certains se disent et se vivent citoyens du monde, soucieux de son avenir. Puisse la révolte incontrôlée de nos adolescents rebelles se muer progressivement en une participation maîtrisée à un combat collectif en faveur d'un vivre-ensemble, où la différence sera vécue pour ce qu'elle est, non pas une menace mais une richesse créatrice de vie.

Table

CPI
BUSSIÈRE

Composition Facompo, Lisieux.
Impression réalisée par CPI Bussière
à Saint-Amand-Montrond (Cher)
en avril 2012.
Dépôt légal : avril 2012.
N° d'impression : 121359/4.
Imprimé en France